기적수업 안내서

용서

평화를 통해 사랑으로 가는 길
형제를 통해 하느님께 가는 길

유현숙 편저

기적의 향기

2018년 12월 01일 초판 1쇄 인쇄
2018년 12월 10일 초판 1쇄 발행

편　　저　유현숙
디자인　전인애
펴낸이　정수성
펴낸곳　도서출판 기적의 향기
등록번호　544-99-00260
등록일자　2017.03.16
주소　대전시 유성구 계룡로 105번길 15, 715호
대표전화　(042) 824-6188
팩스　(0505) 871-1880
카페　cafe.naver.com/acimstudy
ISBN　979-11-951572-5-9 03230

이 도서의 국립중앙도서관 출판시도서목록(CIP)은 서지정보유통지원시스템 홈페이지(http://seoji.nl.go.kr)와 국가자료공동목록시스템(http://www.nl.go.kr/kolisnet)에서 이용하실 수 있습니다.
(CIP제어번호 : CIP2018037661)

잘못 만들어진 책은 구입하신 서점에서 교환해 드립니다.

차 례

기적수업의 길 … 4

꿈
1. 분리는 일어나지 않았다 … 9
2. 에고는 너의 믿음에 불과하다 … 15
3. 사랑의 반대는 두려움이다 … 21
4. 너는 특별하지 않다 … 27
5. 네가 바로 꿈꾸는 자다 … 35

세상
1. 죄는 없다 … 43
2. 네가 보는 세상은 존재하지 않는다 … 49
3. 몸은 단 한 순간도 존재하지 않는다 … 55
4. 너는 상처받을 수 없다 … 61
5. 오로지 사랑만 가르쳐라 … 67

판단
1. 사랑은 판단할 수 없다 … 75
2. 형제는 너를 보여주는 거울이다 … 81
3. 모든 공격은 자기 공격이다 … 87
4. 간수와 죄수 … 93
5. 공격은 사랑을 달라는 요청이다 … 99

형제
1. 형제를 너 자신으로 알라 … 109
2. 용서하는 것은 간과하는 것이다 … 115
3. 용서함으로써 용서받아라 … 121
4. 그 누구도 제외시키지 말라 … 127
5. 형제는 너의 구원자다 … 133

용서
1. 용서는 모든 것을 준다 … 141
2. 네 형제를 용서하라 … 147
3. 과거를 용서하라 … 153
4. 세상을 용서하라 … 161
5. 용서는 죽음의 두려움을 극복하는 수단이다 … 167

구원
1. 용서는 아무것도 하지 않는다 … 177
2. 모든 것을 성령께 맡겨라 … 183
3. 구원은 함께 걷는 길이다 … 189
4. 용서는 하느님께 가는 길이다 … 195
5. 너는 집에 있다 … 201

출처 … 210

기적수업의 길
서문을 대신하여

　기적수업(이하 "수업")은 미국 컬럼비아 대학의 임상 심리학 교수인 헬렌 슈크만과 빌 테트포드가 1965년부터 1972년까지 내면의 음성을 받아 적은 것입니다. 그 음성은 자신을 2,000년 전의 예수와 같은 존재라고 밝혔습니다.

　그 음성이 7년에 걸쳐 제시한 수업의 사고 체계의 핵심은, 실재는 실재이고 환상은 환상이라는 것입니다. 사랑 자체이신 하느님과 그의 자녀들은 영(Spirit)이며, 그들의 속성인 거룩함, 영원함, 하나인 상태는 결코 변할 수 없습니다. 따라서 우리가 시공간 상에서 보는 분리와 변화, 공격과 죄의 세상은 실재하지 않습니다.

　그러므로 우리가 하느님을 떠나 고통의 세상을 방랑하며 살아간다는 것은 애초에 실현 불가능한 환상에 불과합니다. 하지만 우리는 한순간 그러한 환상이 실재라고 믿기로 선택했습니다. 그 환상 속에서 우리는 생존을 위해 형제들과 끝없는 전쟁을 벌이고, 죽기 전에 약간의 쾌락이라도 거머쥐려고 애쓰는 몸과 에고가 되어버렸습니다.

　수업은 우리가 그러한 믿음에서 벗어나는 과정이 바로 "용서"라고 가르칩니다. 수업의 용서는 실재가 아닌 환상, 즉 우리가 지어낸 믿음을 내려놓는 것입니다. 우리는 용서를 통해 우리가 형제에 대해, 자신에 대해, 세상에 대해 지어낸 환상을 내려놓습니다. 그렇게 우리 마음에서 모든 환상이 사라지면, 그 자리에 실재가 저절로 드러납니다. 그리고 우리는 우리가 단 한 순간도 하느님을 떠난 적이 없음을 깨닫게 됩니다.

수업에 따르면 우리는 그러한 용서를 구체적인 관계 속에서 배우게 됩니다. 예수님은 헬렌과 빌의 관계에서, 그리고 두 사람이 다른 사람들과 맺는 관계들에서 일어나는 다양한 상황을 소재로 하여 수업의 사고 체계를 전개해 나가며, 그 핵심은 바로 용서입니다. 우리도 수업을 하면서 헬렌과 빌처럼 삶의 구체적인 관계들 속에서 용서를 배워나가게 됩니다.

이 책은 기적수업에 나오는 용서에 관한 핵심적인 구절들을 30개의 주제로 발췌해서 꿈, 판단, 형제, 용서, 구원이라는 6개의 큰 주제로 묶은 것입니다. 6개의 큰 주제와 30개의 작은 주제 도입부에 있는 해설과 이 서문은 편저자가 작성했으며, 본문의 나머지 구절들은 모두 기적수업에서 가져온 것입니다. 찾아보기 쉽도록 출처를 표시했습니다.

용서를 통해 실재로 깨어나는 길, 평화를 통해 사랑으로 가는 길, 형제를 통해 하느님께 가는 길, 기적수업은 우리에게 이러한 길을 제시합니다.

이 책이 기적수업을 자신의 길로 선택하신 분들께 좋은 길동무가 되기를 바랍니다.

꿈

이 세상을 살아간다고 생각하는 모든 존재의 저 밑바닥에는 극심한 두려움이 도사리고 있다. 그곳에서 우리는 저마다 의지할 데 없는 분리된 에고가 되어 한 치 앞도 알 수 없는 정글을 살아간다고 느낀다.

우리는 삶의 아주 작은 변화에도 목숨을 위협받는 듯한 두려움을 느끼고, 가까운 이의 사소한 몸짓에도 배신의 고통을 느낀다. 그러면서 우리는 무의식중에 하느님을 원망한다. 하느님이 이런 세상을 만들었고, 나의 모든 고통의 원인은 바로 하느님이라고.

하지만 우리는 더 깊은 곳에서 스스로 하느님을 공격하고 천국을 박살낸 후, 작디작은 몸 안에 자신만의 왕국을 세우는 데 성공한 "특별하고" "독립적인" 에고가 되어버렸다고 생각한다. 그리고 그 왕국에 하느님은 절대 들어오실 수 없다! 바로 이것이 우리가 지어낸 자화상이다.

하지만 우리는 이러한 오만 아래에서 하느님과 천국을 공격했다는 엄청난 죄의식에 시달리고 있다. 따라서 우리는 하느님을 두려워하고, 형제들을 두려워하며, 심지어 자기 자신을 두려워한다. 우리는 이러한 상상 속의 "죄"로 인해 하느님께 선뜻 나아가지 못한다. 그 대신 우리는 이 안쓰러운 "독립성"과 "특별성"을 목숨을 다해 지키려고 하면서, 자신의 몸과 에고가 조금이라도 위기에 처하는 것 같으면 즉시 전투태세에 돌입한다.

하지만 수업은 말한다. 이 모든 일은 일어난 적이 없다고. 애초부터 일어나는 것이 불가능한 일이었다고. 우리는 하느님을 공격한 적도 떠난 적도 없으며, 에고가 되어 몸 안에 갇힌 적도 없다고. 전능하신 사랑의 하느님 안에서 이런 일은 있을 수 없으며, 그렇기 때문에 하느님이 하느님이시라고.

우리는 여전히 하느님 안에 안전하게 있으면서, 하느님을 떠나 공격과 죄의 세상을 살아가고 있다는 꿈을 꾸고 있다. 하지만 하느님은 우리가 지었다고 생각하는 "죄"에 대해 모르신다. 우리는 구원되기 위해 무엇을 하거나 어딘가로 가야 하는 것이 아니라, 단지 꿈에서 깨어나기만 하면 된다. 그러면 우리의 그 모든 거친 환상이 한낱 꿈이었음을 깨닫게 된다.

1 분리는 일어나지 않았다

우리가 죄를 짓고 하느님을 떠나왔다는 믿음이야말로 우리가 겪는 모든 고통의 원인이다. 우리는 그렇게 믿기에, 하느님이 우리를 처벌하고 희생을 요구할 것이라고 생각한다. 우리는 그렇게 믿기에, 우리가 세상에서 병과 고통에 시달리다가 결국 죽을 것이라고 생각한다. 우리는 그렇게 믿기에, 형제들도 우리처럼 죄로 물들었다고 생각한다. 이제 공격과 방어만이 세상에서 살아남을 유일한 길이다.

수업은 이 모든 고통의 저변에 분리에 대한 믿음이 있으며, 분리에 대한 믿음 저변에는 우리가 하느님을 떠나 무언가를 할 수 있다는 믿음이 있다고 말한다. 하지만 하느님은 우리와 영원히 하나이기를 뜻하시며, 따라서 우리가 하느님을 떠나서 무언가를 한다는 것은 불가능하다. 불가능한 것은 일어날 수 없다. 그러므로 분리는 일어나지 않았다! 우리는 이 모든 고통에서 벗어나기 위해 아무것도 할 필요가 없다. 무언가를 희생할 필요도 없고, 나 자신이 아닌 다른 무엇이 되려고 애쓸 필요도 없다. 우리는 단지 우리가 하느님과 분리되었다는 믿음만 바로잡으면 된다.

모든 것이 하나인 영원 속으로,
아주 작고 미친 아이디어가 하나 기어들어 왔는데,
하느님의 아들은
그것을 웃어넘기는 것을 기억하지 못했다. T,27:82

하느님의 일부가 스스로 하느님을 공격하고 있다고 믿지 않고서야
어떻게 자신을 하느님과 분리시킬 수 있겠는가? T, 5:61

하느님의 아들이 자신의 마음 안으로
죄의식을 받아들인 것이
분리의 시작이었다. T,11:86

그 안에서 시간이 실재화되는 영원,
자신을 공격할 수 있는 하느님의 일부,
적으로서 분리되어 있는 형제,
몸 안에 있는 마음,
이 모두 것은 논리의 결론이 서두에서 시작되고
그 원인에서 끝나는 순환 논리의 형식이다. T,27:83

하지만 너는 하느님을 공격하지 않았으며,
정녕 하느님을 사랑한다.
네가 과연 너의 실재를 바꿀 수 있겠는가? T, 9:74

하느님과 분리되었다는 느낌이야말로
사람이 실제로 바로잡아야 할 유일한 결핍이다.

사람이 진리에 대한 지각을 왜곡함으로써
자신을 결핍되어 있다고 지각하지 않았다면,
이런 분리의 느낌은 결코 일어나지 않았을 것이다. T,1:91

분리라는 아이디어가
하느님 아들의 마음에 들어온 순간,
바로 그 똑같은 순간에 하느님의 응답이 주어졌다.

시간 안에서는,
이것은 아주 오래 전에 일어났다.
실재 안에서는,
그것은 전혀 일어난 적이 없다. M,2:2

분리 오류 전체는
에고에게 무엇이든 할 능력이 있다는 믿음에 놓여있다. T,10:41

하지만 분리는 그저 아무것도 에워싸고 있지 않고,
아무것도 하지 않는 빈 공간일 뿐이다.

배가 지나가며 만든 잔물결들 사이의 빈 공간처럼 실체가 없고,

물이 밀려들어와 그 간격을 메우고
물결들이 결합하여 그 위를 가득 채우듯이
재빨리 채워진다.

물결들이 결합하여 잠시 그 사이를 갈라놓는 듯했던 공간을
다시 채웠을 때,
그 사이의 간격이 도대체 어디에 있단 말인가? T,28:32

사람의 모든 그릇된 창조물들은
문자 그대로 "눈 깜짝할" 사이에 사라질 수 있다.
그것들은 단지 시각적으로
그릇되게 지각된 것들이기 때문이다. T,2:13

하느님은 너를 떠나신 적이 없으며,
너도 하느님을 떠난 적이 없다. T,15:27

하느님의 아들이 자신의 영을 아버지의 손에 맡길 때,
그를 이길 수 있는 것은 아무것도 없다.
이렇게 함으로써,
마음은 잠에서 깨어나 자신의 창조주를 기억한다.
분리의 느낌이 전부 사라지고,
수준 혼동도 사라진다. T,3:19

하느님이 하나라고 부르시는 것은
분리되어 있지 않으며, 영원히 하나일 것이다.
하느님의 왕국은 정녕 연합되어 있다.
그 왕국은 그렇게 창조되었고,
영원히 그러할 것이다. T,26:62

2 에고는 너의 믿음에 불과하다

우리는 하느님을 떠나는데 성공하여 독립적인 자아, 즉 에고가 되어버렸다고 믿는다. 하지만 마음 깊은 곳에서는 그것의 본성이 무(nothing)이며, 그 자체로 존재할 수 없음을 안다. 따라서 우리는 판단과 공격, 비교와 배제를 통해 자신이 남들보다 더 "우월한" 에고이므로 더 실재성이 있다고 믿고 싶어 한다. 하지만 그렇게 할수록 우리는 자신이 사악한 에고가 되어버렸다고 더욱 확신하게 되며, 따라서 하느님과 형제들은 물론 우리 자신조차 더욱 두려워하게 된다.

우리는 이러한 에고를 숙명처럼 여기고 우상으로 숭배하며 두려워한다. 하지만 에고는 단지 분리에 대한 믿음에 불과하며, 따라서 우리가 그 믿음을 거둬들일 때 존립 기반을 잃는다. 그런데 만약 우리가 에고의 존재를 믿는 책임을 다른 형제의 공격 탓으로 돌린다면, 우리는 영원히 에고에서 벗어날 수 없을 것이다. 나 자신이 에고를 믿기로 선택했고, 나 자신이 그 믿음을 거둬들일 수 있다! 이러한 결정을 시작으로 에고가 무효화되기 시작된다. 그리고 그 자리에는 우리의 진정한 자아인 그리스도가 드러난다.

너는 그동안 분리된 에고의 꿈을 꿨고,
그것에 근거한 세상이 존재한다고 믿어왔다. T,4:10

자신이 완전히 자력으로 존재한다는 마음의 믿음이
바로 에고다. T,4:33

에고는 분리에서 생겨났으며,
네가 계속 분리를 믿는 한 계속 존재할 것이다. T,4:48

분리가 곧 구원이라는 확신에 강박적으로 사로잡힌 에고는
자신이 지각하는 모든 것을 서로 의미 있는 관계가 없는,
따라서 의미가 전혀 없는
작고 단절된 부분들로 쪼갬으로써 공격한다. T,10:53

에고는 우상숭배다.
에고는 몸 안에 태어나서 고통받다가
죽음으로 생을 마감할 운명인
제한되고 분리된 자아의 표시이다. W,ST12:1

에고가 너에게 제공할 수 있는 것이라고는 일시적인 존재감일 뿐인데,
이것은 에고 자신의 시작과 함께 시작해서

에고 자신의 끝과 함께 끝난다. T,4:48

에고는 하느님의 뜻을 적으로 보고,
그 뜻이 부정되는 어떤 형식을 취하는 뜻이다.

에고는 강함은 약함이고 사랑은 두려움이며,
생명은 실제로 죽음이고,
하느님을 대적하는 것만이 홀로 참이라는 "증거"다. W,ST12:1

너는 자신을 에고와 동일시하기에
하느님이 너를 사랑하신다는 것을 믿지 못한다.
너는 네가 만든 것을 사랑하지 않고,
네가 만든 것도 너를 사랑하지 않는다.

에고는 아버지에 대한 부정으로 만들어졌으며,
따라서 자신을 만든 자에게 아무런 충성심도 없다.

너는 네가 만든 자아를 증오하기에
하느님과 그의 영혼들 사이에 존재하는
진정한 관계를 상상조차 할 수 없다. T,4:49

너의 마음에서 에고의 유혹을 경계하여 살피고
그것에 속지 말라.

에고는 너에게 아무것도 주지 않는다는 것을 알라. T,4:62

에고를 두려워하지 말라.
에고는 정녕 너의 마음에 달려있다.

너는 에고의 존재를 믿음으로써 에고를 만들었듯이
에고에게서 믿음을 거둬들임으로써
에고를 물리칠 수 있다.

에고의 존재를 믿는 책임을
다른 누구에게도 투사하지 말라.
그런다면 너는 그 믿음을 보존하게 될 것이다.

에고의 존재에 대한 책임을
너 자신이 기꺼이 받아들이려 할 때,
너는 이미 모든 분노와 공격을 내려놓은 것이다. T,7:88

너는 에고가 없으면
모든 것이 혼란일 것이라고 믿는다.

하지만 단언컨대,
에고가 없으면 모든 것이 사랑이다. T,15:45

너의 소명은 아주 단순하다.

너는 에고가 아님을 입증하기 위해 살라고 선택되었다. T,4:89

에고를 떠나라!

에고에게 귀 기울이지 말고,

에고를 간직하지도 말라.

오로지 하느님께만 귀 기울여라. T, 4:17-18

3 사랑의 반대는 두려움이다

하느님은 사랑이시며, 우리는 하느님의 일부다. 사랑은 모든 것을 포괄하기에 그 안에는 분리도 공격도 두려움도 없다. 따라서 우리 안에도 본래 분리와 공격, 두려움이 없다. 그렇다면 우리를 괴롭히는 두려움의 정체는 무엇이란 말인가? 수업은 우리가 하느님의 천능을 찬탈해서 자신만의 왕국을 건설했다는 착각이 그 모든 두려움을 낳는다고 말한다. 그러니 하느님은 그 왕국을 궤멸시키려고 호시탐탐 노리는 우리의 "적"이 되셨다! 거기서 우리는 왜소한 에고가 되어, 밖으로부터의 공격에 맞서 촉각을 곤두세우고 사소한 일에도 벌벌 떤다.

사랑의 반대는 두려움이다. 두려움은 이렇게 우리가 사랑을 떠났음을 입증하기 때문이다. 하지만 두려움은 단지 속임수에 불과하다. 실제로 우리는 하느님을 공격할 수도 떠날 수도 없었다. 그러니 우리는 두려워할 이유가 없다. 두려움이란 단지 존재하지 않는 어떤 상태를 나타낼 뿐이다. 이것을 자각하는 것이 곧 구원이다. 하느님은 우리가 그런 "죄"를 지은 적이 없음을 깨닫고 어서 당신의 품으로 돌아오기만을 기다리신다. 완벽한 사랑을 받아들여라. 그러면 우리 안에 두려움은 없다.

사랑의 반대는 두려움이다. T,1:2

사랑과 두려움은 공존할 수 없다. W,160:4

모든 두려움은 궁극적으로
사람에게 하느님의 권능을 찬탈할 능력이 있다는
근본적으로 그릇된 지각으로 환원될 수 있다.

그러나 사람은 하느님의 권능을 찬탈할 수 없을 뿐만 아니라,
그렇게 할 수도 없었다. T,2:15

분리 이전에는 두려움이 존재하지 않았기에
마음은 두려움의 공격을 받을 수 없었다.
분리와 두려움은 모두 마음의 그릇된 창조물로서,
무효화되어야 한다. T,2:46

두려움은 속임수다.
그것은 너 자신을
네가 결코 될 수 없는 어떤 것이라고 보았고,
따라서 네가 불가능한 세상을 바라보고 있음을 입증한다.

이 세상의 그 무엇도 참이 아니다. W,240:1

두려움이 곁에 있는 한
그 누구도 사랑에 도달할 수 없다. T,19:100

너는 사랑을 두려워하는 것이 아니라,
단지 네가 사랑을 가지고 지어낸 것을 두려워하는 것이다. T,18:26

두려움은 원인 없이는 실재할 수 없으며,
하느님이 유일한 원인이시다.
하느님은 사랑이시며,
너는 정녕 하느님을 원한다.
이것이 정녕 너의 뜻이다.

이것을 요청하라.
그러면 반드시 응답받을 것이니,
그것은 단지 본래 너에게 속한 것만을
요청하는 것이기 때문이다. T,8:99

완벽한 사랑은 두려움을 몰아낸다.
만약 두려움이 존재한다면, 완벽한 사랑은 없다.
하지만 실제로 완벽한 사랑만이 존재한다.
그러니 만약 두려움이 있다면,
그것은 어떤 존재하지 않는 상태를 창조한다. T,1:100

이것을 믿어라.

그러면 너는 반드시 자유로워질 것이다.

오로지 하느님만이 이러한 해법을 확립하실 수 있다.

이러한 믿음은 정녕 하느님의 선물이다. T,1:101

4 너는 특별하지 않다

우리는 하느님께 특별한 사랑을 요구하여 거절당하자 자신만의 특별한 에고를 만들었다. 우리는 능력, 외모, 학벌, 재산, 배경, 인맥, 영적인 우월성은 물론, 심지어 세상에서 겪는 병이나 고난조차도 자신의 특별성을 돋보이게 하는 데 이용한다. 우리는 이러한 특별성을 목숨보다 더 소중히 여기며, 그것을 해치는 자들에게는 무자비한 복수를 가한다. 그러니 특별한 자들 사이에 사랑이 어떻게 가능하겠는가? 남는 것은 오로지 두려움뿐이다. 따라서 특별성의 꿈은 곧 두려움의 꿈이다.

특별성은 왜소함에 대한 믿음에서 나온다. 하느님을 떠난 자아가 어찌 왜소하지 않을 수 있겠는가? 우리는 특별성이란 포장으로 왜소함을 가리려 하지만, 특별성에 집착하면 할수록 왜소함에 대한 믿음은 더욱 강화될 수밖에 없다. 이제 특별성의 꿈을 놓아주자. 우리의 거룩한 자아는 전혀 왜소하지 않으며, 따라서 특별성의 화려한 의상이 필요 없다. 그것은 우리가 모든 형제들과 공유하는 자아이다. 우리는 전혀 특별하지 않다. 우리는 똑같이 거룩하다.

특별한 총애를 청하기 전까지 너는 평화로웠다.
하지만 하느님은 특별한 총애를 주지 않으셨으니,
그러한 요구는 하느님께 이질적인 것이었기 때문이다. T,12:20

특별성은 죄라는 아이디어가 실재화된 것이다.
이러한 근거 없이는 죄를 상상조차 할 수 없다.
죄는 무(nothingness)를 재료 삼아 특별성에서 생겨났다.
이것은 아무런 뿌리도 없는 악의 꽃이다. T,24:14

특별성은 너 자신을 제외한 모든 사람을
신뢰하지 않는 것이다.
너는 너 자신만 믿고,
다른 모든 것은 적으로 여긴다. T,24:34

너의 특별성을 유지하기 위해
네 형제는 환상이 되어야 한다.

너보다 "못한" 자는,
너의 특별성이 그의 패배를 먹고 살 수 있도록
반드시 공격받아야 한다. T,24:7

특별성의 눈으로 보면 너는 별개의 우주로서,

그 자체 안에 자신을 완전하게 유지할 수 있는 힘을 가졌다.
모든 출입구는 침입을 막으려고 잠겼고,
모든 창문은 빛이 들어오지 못하도록 폐쇄됐다.

너는 언제나 공격받고 언제나 격분해 있으며,
너의 분노는 언제나 완전히 정당한 근거가 있다. T,24:59

특별한 자들은 진리에 맞서 환상을 방어할 수밖에 없으니,
하느님의 뜻에 대한 공격이 바로 특별성이기 때문이다.

네가 형제에게 맞서 특별성을 방어하려 하는 한,
너는 그를 사랑하는 것이 아니다.

바로 이것이 그가 공격하고 네가 보호하는 것이다.
바로 여기에 네가 그와 벌이는 전쟁의 근거가 있다.
바로 여기에서 형제는 너의 친구가 아닌 적이 되어야 한다.

서로 다른 자들 사이에는 결코 평화가 있을 수 없다. T,24:11

따라서 특별성은
너를 하느님으로부터 찢어내 특별성의 방어자로 만들어서
하느님과 분리시키는 듯하다.

너는 하느님이 창조하지 않으신 것을 지키려 한다. T,24:27

이 세상에 묶여 있는 자들은 저마다
자신이 진리이기를 바라는 특별성을
얼마나 맹렬히 방어하는지!

아주 작은 멸시, 미미한 공격, 의심의 속삭임, 위협의 조짐,
혹은 가장 깊은 존경이 아닌 모든 것에서
자신의 특별성을 지킬 수 있다면
어떤 노력도 너무 크지 않고,
어떤 비용도 너무 많지 않으며,
어떤 가격도 너무 비싸지 않다. T,24:62

죽이는 것 말고,
특별성이 과연 어디에서 기쁨을 찾을 수 있겠는가?
죽음을 보는 것 말고,
특별성이 과연 무엇을 구하겠는가?
특별성이 과연 파괴가 아닌 어디로 이끌겠는가? T,24:43

말 한마디, 네가 싫어하는 작은 소근거림,
너에게 잘 맞지 않는 상황,
혹은 예기치 않은 사건 하나가
너의 세상을 뒤엎어 혼돈으로 내던져버릴 만큼
공격에 취약하고 무방비하게 노출되어 있는 것은
네가 아니다.

4. 너는 특별하지 않다

진리는 연약하지 않다.
환상은 진리를 뒤흔들거나 어지럽힐 수 없다.
특별성은 네 안의 진리가 아니다. T,24:28

너는 특별하지 않다.
만약 너 자신이 특별하다고 생각하여
네 정체의 진리에 맞서 너의 특별성을 방어하려 한다면
네가 어찌 진리를 알 수 있겠는가? T,24:15

특별성의 죽음은 너의 죽음이 아니라,
네가 영원한 생명으로 깨어나는 것이다.
너는 다만 네 정체에 대한 환상에서 벗어나
하느님이 창조하신 대로의 너 자신을 받아들일 뿐이다. T,24:25

자신에 대한 진리가
특별성과 죄의 자리를 차지하러 돌아옴에 따라
하느님 아들의 마음이 진리를 받아들이면서,
그가 만든 온 세상과 모든 특별성,
그 특별성을 지키려고 자기 자신에 맞서 붙들고 있던 죄가
자취를 감출 것이다.

너는 더 이상 결코 존재한 적이 없는 것을 보지 않고
아무런 소리도 내지 않는 것을 듣지 않을 것이다.

무를 포기하고

하느님의 사랑을 영원히 받는 것이 과연 희생인가? T,24:17

5

네가 바로 꿈꾸는 자다

이 세상에서 우리는 두려움의 꿈을 꾼다. 질병과 사고, 환경오염, 전쟁의 위협이 상주한다. 사방에 나를 등쳐서 이익을 취하려는 자들이 널렸으며, 배우자나 자식 등 가까운 이들조차 나의 깊은 상처를 위로해주기는커녕 오히려 들쑤셔댄다. 우리는 이러한 세상의 피해자다! 하지만 그러한 꿈 밑에서, 우리는 사실 하느님과 천국을 박살낸 공격자가 된 꿈을 꾸고 있다. 그로 인한 죄책감은 너무도 끔찍해서, 우리는 그것을 세상과 형제들에게 투사할 수밖에 없었다.

이제 그들이 나를 공격하는 자들이 된다. 우리는 그들에게 분노로 맞서고 공격을 통해 자신을 지키려 하지만, 이것은 근본적인 해결책이 아니다. 그러한 세상을 꿈꾼 자는 바로 우리 자신이기 때문이다. 우리는 남이 꾸는 꿈에서는 깨어날 수는 없지만, 자신이 꾸는 꿈에서는 깨어날 수 있다. 이제 더 이상 바깥에서 공격자를 보지 말자. 내 마음 저 깊숙한 곳에서, 내가 바로 하느님과 천국을 공격한 자라고 믿고 있음을 보자. 그리고 그것은 단지 불가능한 꿈임을 깨닫자. 그럴 때 우리는 비로소 그 모든 두려운 꿈에서 깨어날 수 있다.

너는 그동안 분리된 에고의 꿈을 꾸고,
그것에 근거한 세상이 존재한다고 믿었다.
너에게는 그런 세상이 아주 생생하다. T,4:10

모든 꿈은 그것이 취한 형식과 상관없이
단지 두려움의 꿈일 뿐이다. T,29:26

살인과 공격의 꿈속에서
너는 살해되어 죽어가는 몸 안에 있는 희생자다. T,28:20

너 자신과 분리된 형제, 오랜 원수,
밤에 뒤를 밟아 너를 죽이려고 꾀하나
그것도 질질 끌며 서서히 죽이기를 계획하는 살인마…
너는 이러한 것들을 꿈꾼다.

하지만 이런 꿈 아래에 또 다른 꿈이 있다.
그 꿈속에서 너는 살인마,
은밀한 적,
네 형제와 세상을 다 말살시켜
그 썩은 고기를 먹는 자가 된다. T,27:72

하느님의 아들은 꿈속에서

자기 자신과 형제들, 그리고 하느님을 배반했다.
하지만 꿈속에서 행한 것은 실제로 행한 것이 아니다. T,17:1

잠든 마음 안이 아니라면 도대체 어디에 꿈이 있겠는가?
꿈이 과연 자신의 바깥으로 투사한 그림을
실재화시킬 수 있겠는가? T,29:50

너는 그동안 잠을 자기로 선택해서 악몽을 꿨지만,
그 잠은 실재하지 않는다. T,6:50

하느님의 아들은 단지 환상 속에서만 배반했으며,
그의 모든 "죄"는 그의 상상에 불과하다. T,17:1

하느님의 아들이 잠들었을 때 그의 마음을 어지럽힌
가장 어두운 악몽조차
그를 지배할 힘이 전혀 없다. T,13:43

네가 바로 꿈의 세상을 꿈꾸는 자다.
세상에는 다른 원인이 없으며,
앞으로도 결코 없을 것이다. T,27:73

너는 집에서 안전하게 있으면서,
단지 꿈속을 여행하고 있을 뿐이다. T,12:76

하느님이 너를 깨어나라고 부르신다.
그의 부름을 들으면 너는 확실히 깨어날 것이므로,
너의 꿈에서 남아있을 것은 아무것도 없을 것이다.

깨어날 때 너는
진리가 너를 둘러싸고 있으며,
또한 네 안에도 있음을 볼 것이다.

그리고 더 이상 꿈을 믿지 않게 될 것이니,
꿈은 너에게 더 이상 실재성이 없기 때문이다. T,6:50

세상

병들고 죽는 몸과 나를 무자비하게 공격하는 세상… 이것들은 끊임없이 우리가 하느님을 떠나 불완전하고 죄 많은 존재가 되어버렸다고 상기시켜준다. 우리는 이것을 인간 숙명이라고 여기며 살아간다. 어찌할 수 없는 힘에 이리저리 휘둘리는 가련한 존재, 우리는 자신이 이렇게 되어버렸다고 믿는다.

우리는 하느님을 공격했다는 죄책감을 밖으로 투사해서 병들고 죽는 몸을 지어냈으며, 이것이 곧 우리 자신이라고 믿었다. 우리는 또한 우리를 못살게 굴고 처벌하는 세상을 지어내고는, 스스로 이것에서 벗어날 수 없다고 믿었다. 우리는 이렇게 스스로 만든 몸과 세상의 자발적인 죄수가 되었다!

 병들고 죽고 분리된 몸은 우리가 하느님을 떠났다는 확실한 증거가 되었다. 나를 끊임없이 공격하고 배신하는 세상은 우리가 천국을 떠났음을 끊임없이 상기시켜준다. 이렇게 몸과 세상은 분리에 대한 믿음을 더욱 강화하기 위한 장치가 되었다.

세상과 형제들은 끊임없이 우리를 "공격"하며, 우리는 쉽사리 상처받고 바스러질 몸의 안위를 지키기 위해 방어한다. 공격은 최선의 방어이며, 우리의 공격에는 항상 정당한 근거가 있다. 이러한 공격과 방어의 악순환을 되풀이하다 보면, 우리 마음에서 분리에 대한 믿음이 더욱 강화될 수밖에 없다.

하지만 몸과 세상이란 단지 나의 죄책감이 투사된 그림일 뿐, 단 한 순간도 존재한 적이 없다. 오로지 하느님이 창조하신 것들만이 존재하며, 하느님은 변하고 사라지는 것을 창조하신 적이 없다. 따라서 몸과 세상은 존재하지 않는다. 그러니 바깥의 "악"과 "위험"을 모두 물리치면 언젠가 평화를 얻으리라는 소망은 꿈속의 허깨비에 맞서 싸우는 것과 같은 무의미한 일이다.

수업은 우리에게 자신이 몸이 아님을, 상처받을 수 없는 존재임을 받아들이라고 말한다. 우리가 곧 사랑 자체이며, 모든 형제들과 하나임을 깨달으라고 말한다. 사실 우리 모두는 존재의 저 깊은 곳에서 이러한 사실을 자각하고 있지만, 그것이 의식의 표면에 떠오르는 것을 애써 억압해왔다. 이제 진리를 외면하지 말자. 바깥의 환상에 맞선 전쟁놀이를 멈추고, 내면의 진리로 조용히 돌아서자.

1 죄는 없다

악몽을 꾸는 것은 죄가 아니다. 하지만 우리는 꿈속의 죄를 아주 소중히 여기며, 죄 없는 세상을 상상도 못한다. 그 이유는 무엇일까? 하느님은 우리를 영원히 죄 없도록 창조하셨기에, 우리가 죄를 짓는 것은 애초에 불가능하다. 그런데 만약 우리에게 죄가 있다면, 그것은 우리가 하느님을 "확실히" 떠나서 독립된 자아가 되는데 "성공"했음을 입증해준다. 그리고 우리는 그 왕국에서 하느님 대신에 왕으로 등극했다! 이 얼마나 매력적인가? 이보다 더한 오만이 어디에 있겠는가?

죄의식은 이렇게 우리와 하느님 사이를 가로막는 유일한 장애물이다. 우리는 마치 칼을 쥔 어린아이처럼 죄의식을 두려워하면서도 소중히 여긴다. 죄가 나를 왕으로 만들어주었어! 그러니 죄의식을 붙잡고 있는 한, 우리는 결코 하느님께 돌아가지 않을 것이다. 하지만 아무리 강렬해 보이는 죄의식의 매력도 사랑의 매력 앞에서는 태양 앞의 촛불처럼 힘을 잃는다. 더 이상 자신과 형제 안에서 죄를 보지 말고, 사랑으로 돌아서라. 하느님께 돌아서라. 구원이란 단지 죄의식을 내려놓는 것이다.

죄는 하느님의 아들이 유죄이며,
따라서 그가 순결을 잃고
자신을 하느님이 창조하지 않으신 것으로 만드는데
성공했다고 가정한다. T,19:18

그는 정죄를 하느님께 투사하여
하느님을 복수에 불타는 분으로 보이게 만들며,
하느님의 응징을 두려워한다. T,9:22

그는 어쨌든 용케도 아버지를 타락시키고
아버지의 마음을 완전히 바꿔버렸다.
그렇다면 하느님의 죽음을 애통해하라.
죄가 하느님을 죽였도다!

이것이야말로 에고의 소망일 것이며,
광기에 빠진 에고는 자신이 그것을 성취했다고 생각한다. T,19:23

죄는 에고의 그 모든 허세 밑에 깔린 "거대한 환상"이니,
죄 때문에 하느님이 변해서
불완전하게 되셨기 때문이다. T,19:18

죄는 에고의 체계에서 가장 "거룩하고",
가장 사랑스럽고 강력하며,

전적으로 참이고,
에고가 모든 방어수단을 동원해서
기필코 보호하는 개념이다. T,19:21

하느님의 아들은 잘못 생각할 수 있다.
그는 자신을 속일 수 있고,
심지어 마음의 힘으로 자신을 공격할 수도 있다.

하지만 그는 죄를 지을 수는 없다.
그는 자신의 실재를 어떻게든 정말로 바꾸거나
유죄로 만들어버릴 그 어떤 일도 할 수 없다. T,19:19

죄의식을 계속 느끼는 유일한 이유는
분리된 채 남아있겠다고 계속 뜻하기 때문이다. T,5:70

죄의식을 느낄 때면,
에고는 하느님의 법칙을 어겼지만
너는 그러지 않았음을 알라.

에고의 죄를 나에게 맡겨라.
죄의식을 느끼는 한 에고가 통제권을 쥐고 있는 것이니,
에고만이 죄의식을 경험할 수 있기 때문이다. T,4:61

하느님의 아들이여,
너는 죄를 지은 것이 아니라
단지 크게 잘못 생각했을 뿐이다.

하지만 그것은 교정될 수 있으며,
하느님은 네가 당신께 죄를 지을 수 없음을 아시기에
너를 도우실 것이다. T.9:98

어린아이야, 그렇지 않다.
너의 "죄스러운 비밀"은 아무것도 아니다.
네가 그것을 단지 빛으로 가져오기만 하면,
빛이 그것을 물리쳐 줄 것이다. T.12:9

왜 크게 기뻐하지 않는가?
네가 저질렀다고 생각하는 모든 악은 결코 행해진 적이 없고,
너의 모든 "죄"는 아무것도 아니며,
너는 네가 창조되었을 때와 마찬가지로 순결하고 거룩하며,
빛과 기쁨과 평화가
네 안에 머물러 살고 있음을 확약받았는데도 말이다. W.93:4

2 네가 보는 세상은 존재하지 않는다

우리는 태어나면서 세상에 그저 내던져지는 듯하다. 살아가면서는 고통과 죽음이라는 세상의 법칙을 숙명처럼 받든다. 하지만 이렇게 우리를 지배하는 듯한 세상이란 단지 우리 마음 안의 믿음이 투사된 상상 속의 그림에 불과하다. 이제껏 진짜라고 믿고 살던 세상이 실재하지 않는다니, 당장은 믿기가 힘들 것이다. 하지만 마음을 바꾸면 세상도 그에 따라 달리 보이는 경험을 점점 더 많이 하게 되면, 세상이란 단지 우리 마음의 투사물에 불과하다는 것을 확신하게 된다. 그렇다면 우리는 왜 스스로 지어낸 세상의 희생자 놀이를 하고 있는 걸까?

우리는 죄의식을 보지 않기 위해 세상 속에서 길을 잃기로 결정했다. 세상의 위협은 끝이 없어 보이고, 우리는 그에 맞서 싸우면서 세상이 나의 모든 고통의 원인이라고 고발한다. 우리가 그렇게 죄 많은 세상을 바라보는 동안은, 자신 안의 죄의식은 보려 하지 않을 것이다. 우리는 바로 그런 목적으로 세상을 만들었다. 이제, 세상을 향한 주먹질을 멈추고 자신 안의 죄의식을 보라. 죄의식은 아무런 근거가 없기에, 똑바로 바라보면 사라진다. 그러면 우리는 이제껏 보던 세상과는 다른 세상을 보게 될 것이다.

하느님이 창조하지 않으신 것은 존재하지 않는다.

존재하는 모든 것은

하느님이 창조하신 그대로 존재한다.

네가 보는 세상은 실재와 아무런 관련이 없다.

그것은 네가 지어낸 것이며,

따라서 존재하지 않는다. W,14:1

세상은 하느님에 대한 공격으로 만들어졌다.

세상은 두려움을 상징한다.

사랑의 부재가 아니라면 무엇이 두려움이겠는가?

이와 같이 세상은

하느님이 들어가실 수 없는 장소이자

아들이 하느님과 떨어져 있을 수 있는 곳으로 만들어졌다. W,ST3:2

이 세상의 동기는

생명에의 의지가 아닌 죽음에의 소망이다.

이 세상의 유일한 목적은

죄가 실재함을 증명하는 것이다. T,27:7

네가 보는 세상은

과연 무자비하고 불안정하고 잔인하며,

너에게 아무런 관심도 없고 복수하기에 급급하며,
증오로 인정사정없다. W,129:2

네가 보는 세상은
죄의식 때문에 미친 자들의 망상 체계이다.
그들 중에 하느님이 잔인하다고 생각하지 않은 자는
단 한 명도 없었다. T,11:86

투사가 지각을 만든다.
네가 보는 세상은 네가 세상에게 준 것일 뿐,
그 이상 아무것도 아니다.

그 세상은 네 마음 상태의 증거이며,
내면의 상태에 대한 바깥 그림이다. T,21:1

네가 보는 세상은 단지 너 자신에 대한 판단일 뿐이다.
세상은 전혀 존재하지 않는다. T,20:20

이 세상이 단지 환각에 지나지 않음을 알아차린다면
어떻게 될까?
네가 세상을 지어냈음을 정말로 이해한다면
어떻게 될까?

세상 속을 거닐고,
죄짓고 죽으며,
공격하고 살해하고,
스스로를 파괴하는 듯이 보이는 자들이
전혀 실재하지 않음을 깨닫는다면
어떻게 될까? T,20:73

네가 지각하는 모든 공격이
다른 어떤 곳도 아닌 너의 마음 안에만 있음을 인식한다면,
너는 마침내 공격의 근원을 알아낸 것이다.

공격은 시작된 곳에서 끝날 수밖에 없으니,
그와 똑같은 곳에 구원도 들어있기 때문이다.

이 세상은 오로지 그것을 만든 자의 마음 안에,
그의 진정한 구원과 함께 들어있다.

세상이 너의 바깥에 있다고 믿지 말라.
너는 세상이 정말로 어디에 있는지 인식해야만
세상에 대한 통제권을 얻을 것이다. T,11:34

너는 네가 보는 세상의 희생자가 아니다.
네가 그것을 지어냈기 때문이다.
너는 그 세상을 만든 것만큼이나 쉽게

그 세상을 포기할 수도 있다. W,32:1

사람은 자신이 생각하는 대로 지각한다.
그러니 세상을 바꾸려고 하지 말고,
세상에 대한 너의 마음을 바꾸려고 뜻하라.
지각은 결과이지, 원인이 아니다. T,21:1

3

몸은 단 한 순간도 존재하지 않는다

우리는 몸을 생명이라고 믿고 보물처럼 받든다. 하지만 병들어 사라질 몸은 영원한 생명이신 하느님을 전혀 닮지 않았다. 그것은 단지 우리가 죄인이라서 하느님께 돌아갈 수 없다는 증거이다. 우리는 또한 몸으로 소통하고 사랑할 수 있다고 생각하지만, 몸은 단지 분리를 입증하는 울타리에 불과하다. 몸인 나는 언제든지 상처받을 수 있고, 밖에서 무언가를 빼앗아 와서 필요를 채워줘야 하는 존재다. 몸인 형제는 나의 바깥에 있는 존재로서, 그 속내를 절대로 알 길이 없고 언제든지 배신할 수 있다.

이렇게 별개의 몸에 갇힌 우리는 영원히 갈등하며 결코 하나가 될 수 없다. 우리는 서로에게 두려움과 공격의 대상이다. 다른 몸들끼리는 모든 것을 주고 모든 것을 받는 것이 불가능하다. 그러니 사랑이 어찌 가능하겠는가? 이렇게 몸은 우리가 꾸는 악몽의 주인공이다. 자신과 형제를 몸으로 보는 한 우리는 이러한 꿈속 세상을 영원히 헤매고 다닐 것이다. 하지만 하느님은 몸을 창조하지 않으셨다. 우리는 단지 몸이 되었다는 꿈을 꾸고 있을 뿐이다. 몸은 단 한 순간도 존재한 적이 없다!

생명은 마음의 것이고 마음 안에 있다.
몸은 생명 자체인 너를 담아둘 수 없기에,
살지도 않고 죽지도 않는다. T, 6:61

마음은 몸을 만들 수 없으며,
몸 안에 머물 수도 없다.
마음과 다른 것은 근원이 없기에 존재하지 않는다. W, 167:6

생명이 없는 것은 생명의 아들일 수 없다.
몸이 어떻게 우주를 담도록 확장될 수 있겠는가?
몸이 과연 창조할 수 있겠으며,
자신이 창조하는 바로 그것이 될 수 있겠는가?

몸이 과연 자신의 창조물들에게 자신의 모든 것을 주면서도
아무것도 잃지 않을 수 있겠는가? T, 23:48

하느님은 몸을 만들지 않으셨다.
몸은 파괴될 수 있으며,
따라서 천국의 것이 아니다.

몸은 네가 너라고 생각하는 것의 상징이다.
몸은 명백히 분리의 도구이며,
따라서 존재하지 않는다. T, 6:62

몸은 하느님의 아들이 자신의 자아의 부분들을
다른 부분들과 분리시키기 위해
둘러쳤다고 상상하는 울타리이다.

그는 자신이 바로 이 울타리 안에 살면서
그것이 썩고 바스러짐에 따라
결국 죽을 것이라고 생각한다. W,ST5:1

몸은 세상이 꾸는 꿈의 주된 등장인물이다.
몸 없이는 꿈도 없고,
몸이 마치 보고 믿을 수 있는 사람처럼 행동하는 꿈 없이는
몸도 존재하지 않는다.

몸은 모든 꿈의 중심 자리를 차지하며,
그 꿈들은 몸이 어떻게 다른 몸들에 의해 만들어지고,
몸 밖의 세상에 태어나며,
잠시 살다가 죽어서 그 몸처럼 죽어가는 다른 몸들과 함께
먼지 속에서 하나가 되는지에 관한 이야기를 들려준다. T,27:77

몸은 단 한 순간도 존재하지 않는다.
몸은 항상 기억되거나 예상될 뿐이며,
결코 지금 경험되지 않는다.

몸의 과거와 미래만이

몸을 실재하는 것으로 보이게 만든다.
시간이 몸을 전적으로 통제하니,
죄는 결코 현재에 있지 않기 때문이다. T,18:65

공격은 언제나 육체적이다.
어떤 형식으로든 마음에 공격을 품는다면
너 자신을 몸과 동일시하는 것이다. T,8:53

판단하지 않고서는 몸을 볼 수 없다.
몸을 본다는 것은 너에게 비전이 없으며,
성령이 그의 목적에 기여하라고 제공하는
수단을 거절했다는 표시이다. T,20:65

형제의 몸을 보는 자는
이미 그에게 판단을 덮어씌운 것이며,
따라서 그를 보고 있는 것이 아니다.

그는 실제로 형제를 죄 있다고 보는 것이 아니라,
전혀 보지 않는 것이다.
죄의 어둠 속에서, 그는 보이지 않는다.
그는 단지 어둠 속에서 상상될 수 있을 뿐이다. T,20:63

몸은 정녕 사랑에 가한 한계이다.
제한된 사랑에 대한 믿음이 몸의 기원이었으며,
무한한 것을 제한하기 위해 몸이 만들어졌다. T,18:71

사랑은 몸을 알지 못하며
자신과 닮게 창조된 모든 것에 가닿는다.
아무런 한계도 없음이
바로 사랑의 의미이다. T,18:78

네가 다른 이를 몸에 국한되어 있거나
몸에 의해 제한되어 있다고 볼 때마다,
그 제한을 너 자신에게도 부과하는 것이다.

네가 배우는 목적 전체가
제한에서 벗어나는 것이거늘,
너는 이런 제한을 기꺼이 받아들이려 하는가? T,8:66

그 누구도 몸으로 보지 말라.
그는 거룩함 속에서 너와 하나임을 인정하면서,
그의 정체인 하느님의 아들로 맞이하라. W,158:8

4 너는 상처받을 수 없다

만약 내가 다른 사람의 사소한 말 한마디에 자신의 모든 존재가 무너지는 듯한 고통을 느낀다면, 혹은 그에 격분하여 반격한다면, 나 자신이 상처받을 수 있는 몸이라고 인정하는 것이다. 바깥의 존재들은 확실히 나에게 상처를 주는 듯하다. 하지만 그 밑바탕에는, 내가 먼저 나를 공격해서 상처받을 수 있는 몸으로 만들어버렸다는 믿음이 있다. 내가 그렇게 되어버렸으니, 이제 바깥의 누구든 언제든지 나에게 상처를 줄 수 있다! 이제 나는 더 이상 영이 아닌 몸이며, 그런 자신을 방어하려면 공격이 최선의 길이다.

나 자신이 몸이라고 믿는다면, 이렇게 상처를 주고받는 꿈에서 헤어나지 못할 것이다. 하지만 수업은 이런 꿈의 전제 자체를 부정한다. 나는 몸이 아니며, 하느님이 창조하신 그대로 남아있다. 따라서 나는 결코 상처받을 수 없다! 질그릇은 깃털로 긁으면 상처가 나지만, 다이아몬드는 백만 번을 긁어도 끄떡없다. 형제가 나를 공격하는 듯이 보일 때, 자신의 상처받을 수 없는 정체를 기억하자. 그러면 더 이상 공격으로 반응하지 않게 된다. 아무리 끔찍해 보이는 악몽이라도 단지 꿈일 뿐임을 항상 기억하자.

너는 하느님이 창조하신 그대로다. W, 94:1

네가 어떤 악행을 저질렀다고 생각하든,
너는 하느님이 창조하신 그대로다.
네가 어떤 실수를 했더라도,
너에 대한 진리는 변하지 않았다.

피조물은 영원하며, 변할 수 없다.
너의 죄 없음은 하느님이 보장하신다. W, 93:7

너는 죄가 없으며, 따라서 상처받을 수 없다. T, 11:96

너에게 고통을 일으키는 것은 단지 너의 생각뿐이다.
너의 마음 바깥에 있는 것은 어떻게든
너를 해치거나 상처를 줄 수 없다. W, 190:5

에고는 너에게 죄가 있으니
너 자신을 공격하라고 가르친다.
이것은 죄의식을 증가시킬 것이니,
죄의식은 공격의 결과이기 때문이다.

성령은 단지 죄는 결코 존재한 적이 없음을

4. 너는 상처받을 수 없다

고요하게 인식함으로써 죄의식을 물리친다.
성령은 죄 없는 하느님의 아들을 바라보면서
이것이 참임을 안다.

그리고 이것은 너에게 해당되는 사실이기에,
너는 너 자신을 공격할 수 없다.
공격은 죄의식 없이는 불가능하기 때문이다.

그렇다면 하느님의 아들은 죄가 없으며,
따라서 너는 정녕 구원되었다.
그리고 너는 온전히 순결하기에, 상처받을 수 없다. T,11:99

죄 없음이 정녕 상처받을 수 없음이다.
그러니 네가 상처받을 수 없다는 것을
모든 이에게 드러내라.

그들이 너에게 무엇을 하려 하든,
네가 해침을 당할 수 있다는 믿음에서
완벽하게 자유로운 모습을 보여줌으로써
그들이 죄를 짓지 않았다는 것을 가르쳐주어라.
그들은 너를 전혀 해칠 수 없다. T,13:71

사랑은 공격할 수 없으며, 따라서 고통받을 수 없다.
따라서 사랑을 기억하면

네가 상처받을 수 없다는 것도 함께 기억하게 된다. T,9:76

그 누구에게도 그가 너에게 상처를 주었다고 가르치지 말라.
만약 그런다면 하느님에게서 오지 않은 것이
너를 지배할 힘을 가졌다고 너 자신을 가르치는 것이다. T,13:72

다른 뺨을 대주라는 말은
폭력에 이의 없이 굴복하라는 의미가 아니다.
그것은 네가 정녕 상처받을 수 없으며,
네 형제에게 너의 온전성 외에는
아무것도 보여주고 싶어 하지 않음을 의미한다.

네 형제에게 그가 너를 해칠 수 없음을 보여주고,
아무것도 그를 비난하는데 사용하지 말라.
그렇지 않으면 너는 그것을
너 자신을 비난하는데 사용하는 것이다. T,5:53

너는 상처받을 수 없는가?
그렇다면 너의 눈에 세상은 해롭지 않다.
너는 용서하는가?
그렇다면 세상도 용서한다.

네가 세상의 죄를 용서했기에,

세상도 너의 눈처럼 보는 눈으로 너를 바라보기 때문이다. T,31:66

오로지 너의 정죄만이 너에게 상처를 입힌다.
오로지 너 자신의 용서만이 너를 자유롭게 한다. W,198:10

아버지, 당신의 아들은 완벽합니다.
그가 어떤 식으로든 상처받는다고 생각한다면,
그는 자신이 누구인지 잊었고,
자신이 하느님이 창조하신 그대로임을 잊었기 때문입니다. W,281:1

아버지, 당신의 아들이 오늘 당신을 부릅니다.
당신이 저를 창조하셨음을 기억하게 하소서.
저의 정체를 기억하게 하소서. W,260:1

5 오로지 사랑만 가르쳐라

가까운 형제에게 공격을 받으면, 우리는 보통 대놓고 반격하거나 그에게 상처받았다는 것을 은근히 내비친다. 형제는 나의 태도를 보고는, 나를 공격하는 데 성공했다고 믿고서 죄책감을 느낄 것이다. 그러한 죄책감은 너무도 고통스러운 것이라서 투사될 수밖에 없다. 따라서 형제는 내가 그를 공격한다고 믿고서 다시 공격할 것이다. 그러면 나는 다시 상처받았다고 믿고서 그를 공격할 것이다. 이렇게 공격과 방어의 악순환이 계속된다.

형제가 나를 "공격"할 때, 나는 그로 인해 전혀 상처받지 않았음을 보여주자. 그러면 형제는 자신의 공격이 성공하지 못했음을 인식하고는 죄책감에서 놓여나며, 결국 공격을 포기할 것이다. 아무런 효과도 없는 일을 그 누가 계속하겠는가? 그러면 나 스스로도 상처받을 수 없는 존재라는 믿음이 더욱 강화된다. 우리는 오로지 자신의 정체만을 가르치고, 그로부터 오로지 자신의 정체만을 배울 수 있다. 누구에게든 자신이 상처받을 수 있는 존재라고 가르치지 말고, 오로지 사랑만을 가르쳐라. 그럼으로써 자신이 사랑 자체임을 깨달아라.

오로지 사랑만 가르쳐라.
사랑이 너의 정체이기 때문이다. T,6:18

너는 가르치는 대로 배울 것이다. T,6:9

형제와 함께 있을 때마다
너는 너의 정체를 가르치는 것이며,
따라서 너의 정체를 배우는 것이다. T,8:21

오로지 사랑만 가르쳐라.
그리하여 사랑이 네 것임을,
네가 곧 사랑임을 배워라. T,6:44

사랑에게 길을 내주어라.
너는 사랑을 창조하지 않았지만,
사랑을 확장할 수는 있다.
땅에서 이 말은 네 형제를 용서하여
너의 마음에서 어둠이 걷히게 하라는 의미이다. T,29:23

네가 어떤 형식으로든 공격을 가르친다면
이미 공격을 배운 것이다. T,6:43

네가 박해라도 받는 듯이 반응한다면,
박해를 가르치는 것이다.
하느님의 아들이 자신의 구원을 깨달으려면,
이런 레슨을 가르치고 싶어 하면 안 된다. T,6:9

너의 증오가 사랑을 가로막게 하지 말라.
아버지를 향한 그리스도의 사랑과
그리스도를 향한 아버지의 사랑을 버텨낼 수 있는 것은
아무것도 없다. T,11:19

용서는 일체의 공격에 대한 유일한 응답이다.
따라서 공격은 그 결과를 빼앗기고,
증오는 사랑의 이름으로 응답받는다. T,26:64

그러니 네 형제를 잘못 보지 말고,
그의 사랑하는 생각만 그의 실재라고 보라.
너는 그의 마음이 분열되었음을 부정함으로써
자신의 마음을 치유할 것이다.

그를 아버지가 받아들이시듯이 받아들이고,
치유하여 그리스도에게 인도하라.
그리스도가 그의 치유이자 너의 치유이기 때문이다. T,10:84

사랑에는 죄의식이 없기에,
두려움이 없다. T,13:29

사랑이 보여주는 길을 따라 죄 없이 여행하는 자는 평화롭게 걷는다.
사랑이 그 길을 같이 걸으며
그를 두려움에서 보호하기 때문이다.
그는 오로지 공격할 수 없는 죄 없는 자들만 볼 것이다. T,23:2

네가 해방되고자 하듯이
형제들을 죄의식에서 해방시켜라.
내면으로 눈을 돌려 사랑의 빛을 볼 수 있는
다른 방법은 없다.

그 빛은 하느님이 언제나 아들을 사랑하셨고
아들이 하느님을 사랑하듯이
한결같고 확실하게 빛난다. T,13:29

판단

천국에서 우리는 서로를 완벽하게 알며, 완벽하게 사랑한다. 우리는 완벽하게 동등한 존재로 창조되었기에 서로를 판단할 수 없다. 하지만 꿈속에서 우리는 형제를 판단하여 나와는 다른 존재로 만들어버리기로 선택했다. 그럼으로써 형제는 나에게 "모르는" 존재가 되어버렸다.

모르는 존재는 더 이상 사랑의 대상이 아닌 두려움의 대상이다. 그는 더 이상 나의 형제가 아니라 언제 어디서 어떤 식으로 나를 공격할지 모르는 "적"이다. 또한 나는 더 이상 하느님의 아들이 아니라 아주 작은 공격에도 쉽게 상처받을 수 있는 몸에 갇힌 에고가 된다.

따라서 우리는 그 적을 감시하고 공격에 대비하느라 수많은 시간과 에너지를 투자한다. 최선의 방어는 공격이다! 우리는 자기 보호의 이름으로 언제라도 무자비한 공격을 퍼부을 태세가 되어 있다. 우리의 에너지는 더 이상 사랑과 창조가 아닌 공격과 방어에 소비된다.

하지만 지각의 세상에서 형제는 나의 마음을 비춰주는 거울이다. 이곳에서 우리는 형제를 보는 대로 자기 자신을 본다. 만약 우리가 형제를 하찮은 몸이라고 본다면 우리 자신도 몸이라고 볼 것이다. 또한 형제를 죄 많은 에고라고 본다면, 우리 자신도 에고가 되었다고 믿을 것이며, 이것은 결국 하느님의 아들인 우리 자신에 대한 공격이다.

그렇다면 형제의 "공격" 너머로 사랑의 요청을 보라. 우리가 공격이라고 보는 것은 사실 사랑을 달라는 요청이기 때문이다. 형제는 자신이 사랑 자체임을 잊었기에, 우리에게 사랑 대신에 두려움을 표현한다. 우리는 그것을 형식만 보고서 공격이라고 판단하지만, 그 본질은 사랑이 결핍된 상태, 즉 두려움이다. 이러한 사랑의 요청에 공격으로 반응한다면, 우리 자신도 사랑이라는 정체를 잊은 것이다.

그렇다면 형제의 사랑의 요청에 거듭거듭 사랑으로 응답하라. 그럼으로써 우리는 자신의 정체가 사랑임을 다시 기억하게 된다. 왜냐하면, 사랑을 무한히 줄 수 있는 자는 분명 사랑 그 자체일 것이기 때문이다. 그렇다면, 형제의 사랑의 요청은 결국 우리 자신의 사랑의 요청이다. 우리 자신이 사랑임을 다시 기억하게 해달라는 절절한 요청이다.

1 사랑은 판단할 수 없다

이 세상은 판단의 꿈이다. 나는 먼저 나 자신을 사랑이 아니라고 판단했고, 이어서 형제들을 내가 아니라고 판단했다. 판단은 끊임없이 다른 점들을 찾아낸다. 판단은 그렇게 천국을 왜곡하고 조각내서 나만의 세상을 만들어낸다. 판단의 꿈은 결국 외로움의 꿈이다. 판단은 모든 것을 내가 아닌 것으로 잘라내고 밀쳐내기 때문이다. 그러한 세상에서 살아가는 자가 과연 외롭지 않을 수 있겠는가? 판단의 꿈은 또한 두려움의 꿈이다. 그 꿈속에서 형제들은 영원히 내가 알 수 없는 어떤 존재가 되어버렸다. 알 수 없는 존재들과 세상을 살아가는 꿈은 과연 두려울 것이다.

판단이 없다면 어떻게 될까? 우리는 다른 점들을 발견할 수 없을 것이며, 따라서 형제들을 나와 다르다고 밀쳐낼 수도 없을 것이다. 다르지 않고 같은 자들은 합쳐져서 하나가 될 수밖에 없다. 하나인 자들은 서로를 판단할 수 없으며, 모든 것을 자기 자신으로 받아들이고 사랑한다. 그리고 우리는 하느님이 창조하신 대로의 우리 자신을 발견할 것이니, 하느님은 우리를 하나로서 창조하셨기 때문이다.

하느님이 당신 자신처럼 완벽하게 창조하신 마음 안으로
판단의 꿈이 들어왔다.
그 꿈속에서 천국이 지옥으로 바뀌었고,
하느님이 당신 아들의 적이 되셨다. T,29:61

하느님의 아들은 어떻게 꿈에서 깨어날 수 있을까?
그것은 판단의 꿈이다.
그러니 판단하지 말아야 한다.

그러면 그는 반드시 깨어날 것이니,
그가 꿈의 일부인 한
꿈은 계속되는 듯이 보이기 때문이다.
판단하지 말라. T,29:62

네 형제를 판단하지 말라.
그러면 너 스스로 해방의 노래를 듣지 못할 것이다. T,26:6

너는 너 자신과 형제들을 아무런 판단 없이 만날 때 오는
엄청난 해방과 깊은 평화를 짐작도 못한다.

너와 네 형제들이 참으로 누구인지 인식할 때,
그들을 어떤 식으로든 판단하는 것은
아무런 의미도 없음을 깨달을 것이다. T,3:63

평가할 수 없을 정도로 귀한 것은 가치를 측정할 수 없다. T,20:39

너에게 평화를 선사하는 그의 가치를
네가 어찌 평가할 수 있겠는가?
그가 선사하는 것 외에 너는 과연 무엇을 원하려는가?

그의 가치는 아버지가 확립하셨다.
네가 그를 통해 아버지의 선물을 받을 때
너는 그의 가치를 인식하게 될 것이다.

네가 감사하며 형제를 바라볼 때
그의 내면에 있는 것은 너무도 환히 빛나서,
너는 그저 그를 사랑하고 기뻐할 것이다.

너는 그를 판단할 생각을 하지 않을 것이니,
그 누가 그리스도의 얼굴을 보면서
판단이 여전히 의미 있다고 주장하겠는가? T,20:40

하느님의 교사는 판단하지 않는다.
판단하는 것은 부정직하게 되는 것이니,
그것은 네가 갖지도 않은 지위를 떠맡는 것이기 때문이다.
자기기만 없는 판단은 불가능하다. M,4:13

판단과 사랑은 서로 반대다.
판단에서는 세상 모든 슬픔이 나오지만,
사랑에서는 하느님의 평화가 나온다. W,352

사랑은 판단할 수 없다.
사랑은 그 자체로 하나이기에 모든 것을 하나로 본다. W,127:3

하느님의 교사는 판단의 대가를 인식하는 순간
행복하게 판단을 내려놓는다.

그가 보는 모든 고통은 판단의 결과이다.
모든 외로움과 상실감,
시간이 흘러가며 커지는 절망감,
지긋지긋한 낙망과 죽음에 대한 두려움…
이 모든 것이 판단에서 온다. M,10:6

그러니 아쉬워하지 말고,
감사하는 마음으로 숨을 크게 내쉬며 판단을 내려놓아라.

이제 너는 너무 무거워서 휘청거리다가 그 밑에 깔릴 수밖에 없는
짐에서 벗어난다.
그 짐은 모두 환상이었다. M,10:5

말 대신에,
우리는 다만 하느님의 사랑을 느끼기만 하면 된다.
기도 대신에,
우리는 다만 하느님의 이름을 부르기만 하면 된다.

판단 대신에,
우리는 다만 고요해져서
모든 것이 치유되도록 허용하기만 하면 된다. W,2부.서문:10

2

형제는 너를 보여주는 거울이다

하느님이 창조하신 우리의 자아(Self)는 공유되는 정체이며, 모든 형제들은 나와 그 자아를 공유하는 나의 일부이다. 하지만 판단을 통해 자신과 형제들을 조각조각 쪼개놓은 우리는 사방에서 자기 자신을 만나면서도 알아보지 못하고 "바깥"에 있는 존재라고 지각한다. 우리는 천국을 박살낸 "죄"를 내면에서 보기를 두려워하여 바깥의 형제들에게 투사하고는, 그것을 이유로 그들을 정죄한다.

형제들을 정죄할 때 우리는 마치 거울에 비친 자신의 더러운 얼굴을 향해 손가락질을 하는 것과 같다. 그러면서 "나는 깨끗해."라고 주장하지만, 마음 깊은 곳에서는 "나도 죄로 시커매."라고 믿는다. 하지만 하느님은 우리를 영원토록 죄 없고 순결하게 창조하셨기에, 우리가 그런 죄를 짓는 것은 불가능하다. 꿈속에서 잠시 놀다 얼굴에 흙을 묻혔다고 네가 죄인이 되지는 않는단다. 너는 영원히 내가 창조한 그대로란다. 하느님은 우리 내면에서 이렇게 말씀해 주신다. 그 말씀을 듣기 위해 필요한 것은 단지 형제들을 정죄하기를 멈추고, 자신의 내면에 귀 기울이는 것뿐이다.

너는 오로지 너 자신의 일부만 만날 수 있다.
왜냐하면 너는 하느님의 일부이며,
하느님은 정녕 모든 것이시기 때문이다. T,8:23

네가 누구를 만나든
그것은 거룩한 만남임을 기억하라.

너는 그를 보는 대로 너 자신을 볼 것이다.
너는 그를 대하는 대로 너 자신을 대할 것이다.
너는 그에 대해 생각하는 대로
너 자신에 대해 생각할 것이다.

이것을 결코 잊지 말라.
너는 그 안에서
너 자신을 찾거나 잃을 것이기 때문이다. T,8:19

형제는 너를 보여주는 거울이다.
그 안에서 너는
네가 두 사람 모두에게 내린 판단을 본다. T,24:56

판단은 네가 형제를 잘못 보았음을 의미한다.
그렇다면 어떻게 너 자신을 잘못 보지 않았을 수 있겠는가? M,4:13

내면을 보기를 두려워하지 말라.
에고는 네 안의 모든 것이 죄로 시커멓다고 말하면서
보지 말 것을 명한다.

에고는 그 대신에 형제들에게 눈을 돌려
그들 안에서 죄를 볼 것을 명한다. T,13:18

형제를 정죄할 때 너는,
"죄가 있던 나는 계속 그렇게 남아 있기로 선택한다."
라고 말하는 것이다. T,13:14

죄의식을 느끼지 않았다면
너는 공격할 수 없었을 것이니,
정죄란 공격의 뿌리이기 때문이다.

정죄는 한 마음이 다른 마음을
사랑받을 가치가 없고
처벌받아 마땅하다고 내리는 판단이다.

하지만 여기에 분열이 있으니,
판단하는 마음은
자신이 판단 받는 마음으로부터 분리되었다고 지각하며,
다른 마음을 처벌함으로써
자신은 처벌을 면할 것이라고 믿기 때문이다. T,11:85

판단의 칼은
네 형제를 떼어놓는 공간을
사랑이 차지하지 못하게 지켜달라고
너 자신에 대한 환상에게 쥐어주는 무기이다.

네가 이 칼을 쥐고 있는 한,
너는 몸을 너 자신으로 지각할 수밖에 없다. T,31:76

판단은 그저 하나의 장난감, 변덕,
너의 상상 속에서 죽음의 헛된 놀이를 하기 위한
무의미한 수단에 불과하다. T,20:73

네가 하느님 아들의 손에서 못을 빼내고
그의 이마에서 마지막 가시를 뽑아내기 전에는
평화를 찾을 수 없을 것이다.

하느님은 당신의 결백한 아들을 판단하지 않으신다.
아들에게 당신 자신을 주셨거늘,
하느님이 어떻게 달리 하실 수 있겠는가? T,10:65

3 모든 공격은 자기 공격이다

사랑은 우리의 정체이자 우리의 기능이다. 하느님은 우리를 그렇게 창조하셨기에, 우리는 오로지 사랑으로만 존재하고 사랑만 줄 수 있다. 우리는 이렇게 사랑이라는 정체를 떠날 수도 없고 잃을 수도 없지만, 그것을 망각하고 누군가를 공격하는 꿈을 꿀 수는 있다. 그러면 우리는 자신의 정체를 잊고서 두려움의 꿈속을 방랑하게 된다. 사랑은 공격할 수 없으며, 사랑의 반대는 두려움이기 때문이다.

그렇다면 "바깥의" 누군가를 공격한다고 생각할 때 우리는 사실 자기 자신을 공격하는 것이다. 사랑이라는 정체를 잃는 것보다 더 큰 상실이 어디에 있겠는가? 우리는 이렇게 자기 자신을 망쳐버렸다는 극심한 죄책감을 감추기 위해, 그것을 형제의 탓으로 돌린다. 네가 나를 이렇게 만들어버렸어. 그러니 네가 죄인이야! 하지만 그 누구도 아닌 나 자신만이 나를 공격할 수 있음을 받아들이는 것이 진정한 치유의 시작이다. 그제서야 우리는 우리가 행한 그 어떤 자기 공격도 실제로 우리 자신을 해치지 못했음을 깨달을 수 있다. 하느님은 우리를 그렇게 창조하셨기 때문이다.

너의 바깥에는 아무것도 없다.
이것이 네가 궁극적으로 배워야 할 것이니,
그러한 깨달음으로
천국이 너에게 회복되기 때문이다. T,18:49

너는 오로지 너 자신만을 해칠 수 있다. T,24:36

너를 고통스럽게 하는 것은
너의 생각 밖에 없다.
너의 마음 바깥에 있는 것은 결코 너를 해칠 수 없으며,
너에게 상처를 줄 수도 없다.

너 자신 너머의 어떤 원인이
너를 부당하게 짓누를 수는 없다.
너 자신 외에는
아무것도 너에게 영향을 줄 수 없다. W,190:5

모든 공격은 자기 공격이다.
그것은 전혀 다른 것일 수 없다.
그것은 네가 너의 정체가 되지 않겠다는 결정에서 일어나기에,
너의 정체에 대한 공격이다.

따라서 공격은 너의 정체를 상실하는 방법이니,

공격할 때 너는 분명 자신의 정체를 잊은 것이기 때문이다. T,9:72

너는 하느님의 아들에게 죄가 없다고 볼 때에만,
그의 하나인 상태를 이해할 수 있다.
죄라는 아이디어는
한 사람이 다른 사람을 정죄할 수 있다는 믿음을 일으켜서,
결합 대신 분리를 투사하기 때문이다.

너는 오로지 너 자신만 정죄할 수 있으며,
그렇게 함으로써
너 자신이 하느님의 아들임을 알 수 없게 된다. T,11:94

너희는 서로를 공격할 때마다
이것을 강화하는 것이다.
공격은 너를 눈멀게 해서,
너 자신을 보지 못하게 만들기 때문이다. T,17:54

이것이 네 마음의 평화를
얼마나 참혹하게 파괴하는지 깨닫는다면,
너는 이런 제정신이 아닌 결정을 내릴 수 없을 것이다. T,9:73

네가 자신 안에서 죄를 용서받을 수 없다고 믿었기에,
형제의 죄가 죄가 되어버리는 것이 아니겠는가?

네가 죄를 너의 실재라고 믿었기에,
죄가 네 형제 안에서
실재가 되어버리는 것이 아니겠는가?

너는 왜 너 자신을 증오하지 않고,
다른 모든 곳에서 죄를 공격하는가?
너는 하나의 죄인가?

공격할 때마다 너는 이 질문에 "예"라고 대답하는 것이니,
공격함으로써 너는 자신이 유죄이고
자신이 받아 마땅한 대로 주어야 한다고
주장하는 것이기 때문이다.

너 자신의 정체 말고,
네가 과연 무엇을 받아 마땅할 수 있겠는가?
너 자신이 공격받아 마땅하다고 믿지 않는다면,
너는 결코 누구에게든
공격을 주겠다는 생각을 하지 않을 것이다. T.31:27

4

간수와 죄수

마치 이인삼각 경기를 하듯이 숙명처럼 엮여 악몽을 공유하는 관계가 있다. 그 꿈속에서 그들은 서로를 죄인으로 묶어두는 간수가 되어 판단의 칼을 치켜들고 있다. 간수가 된 꿈은 얼마나 달콤한지! 하지만 실제로 그들은 판단을 통해 간수로 등극하는 것이 아니라, 이 세상의 죄수로 전락해 버린다. 형제를 몸이라고 판단할 때, 나 자신이 몸에 갇히게 된다. 형제에게 증오의 독화살을 쏠 때, 내가 먼저 그 독에 죽어간다. 형제에게 죄의 굴레를 뒤집어씌울 때, 나 자신이 죄인이 된다. 왜냐하면 형제와 나는 하나의 자아를 공유하기 때문이다.

사랑하기로 약속하고 맺어졌지만, 평생 서로를 증오하며 영원히 헤어나지 못할 것 같은 관계들... 우리는 모두 이런 관계를 맺어본 경험이 있다. 하지만 내가 먼저 나의 정체를 깨닫고 게임을 멈추면 두 사람이 함께 감옥에서 풀려난다. 내가 먼저 치켜든 칼을 내릴 때, 형제도 칼을 내려놓는다. 내가 먼저 형제를 정죄하기를 멈출 때, 형제도 나에 대한 정죄를 멈춘다. 이렇게 우리가 서로를 저주하려고 맺었던 관계가 서로를 축복하고 해방시키기 위한 관계로 변형된다.

모든 분노는

누군가로 하여금

죄책감을 느끼게 하려는 시도일 뿐이다. T,15:74

판단은 항상 가둔다. T,3:71

어느 한 사람이라도 가두는 자가

과연 자유로이 풀려날 수 있겠는가?

간수는 자유롭지 않으니,

그는 죄수와 더불어 묶여 있기 때문이다.

그는 죄수가 탈출하지 못하도록 지켜보느라 시간을 허비한다.

죄수를 가두는 빗장 안은

간수가 죄수와 더불어 살아야 하는 세상이 된다.

따라서 두 사람 모두가 자유로워지려면

죄수를 자유로이 풀어주어야 한다. W,192:8

그러니 단 한 사람도 죄수로 가두지 말라.

구속하지 말고 풀어주어라.

그럼으로써 네가 자유로워지기 때문이다.

그 방법은 단순하다.

분노가 치밀어 오를 때마다,

너 자신의 머리 위에 칼을 들고 있음을 깨달아라.

그 칼은 네가 유죄 선고를 받을지
자유로이 풀려날지 선택하는 데 따라,
네 머리로 떨어지거나 비켜 갈 것이다.

따라서 너의 분노를 치밀게 하는 듯한 모든 이는
너를 죽음의 감옥에서 구해주는 자들이다. W,192:9

자유는 네가 하느님의 아들에게 줄 수 있는 유일한 선물로서,
그들의 정체와 하느님의 정체를
인정하는 것이다. T,8:34

어느 한 사람이라도 가두는 자라면,
그 누가 자유로워질 수 있겠는가? W,192:8

너는 형제를 옭아맨
단 하나의 죽음의 법칙에서도 벗어날 수 없다.
네가 형제에게서 본 단 하나의 죄도
너희 둘 모두를 지옥에 가두지 않을 수 없다.
하지만 그의 완벽한 죄 없음은
너희 둘을 모두 해방시킬 것이다. T,24:53

너는 놓아주는 대로 놓여날 것이다.
이것을 잊지 말라. T,16:60

당신을 나 자신의 일부로 성령께 드립니다.
나 자신을 가두기 위해 당신을 이용하려 하지 않는 한,
당신은 해방될 것임을 나는 압니다.

내 자유의 이름으로 당신의 해방을 뜻하니,
우리는 함께 해방될 것임을 알기 때문입니다. T,15:111

5

공격은 사랑을 달라는 요청이다

형제가 나를 "공격"할 때, 사실 그는 마음 깊은 곳에서 사랑을 요청하고 있는 것이다. 그는 자신이 사랑임을 잊고서 어떤 결핍된 존재가 되어버렸다고 믿기에, 공격을 통해 무언가를 얻어내려고 한다. 그런데 형제의 "공격"에 내가 공격으로 반응한다면, 나도 역시 사랑이라는 자신의 정체를 잊고서 어떤 결핍된 존재가 되어버렸다고 믿는 것이다. 그렇다면 우리는 어떻게 자신의 정체를 다시 깨달을 수 있을까? 수업은 우리가 형제의 사랑의 요청에 사랑을 줌으로써 그것을 깨달을 수 있다고 가르친다.

우리는 자신에게 없는 것은 줄 수 없다. 그런데 내가 형제의 "공격"에 공격으로 반응하지 않고 사랑을 주는 것으로 반응한다면, 나는 분명 사랑을 가지고 있을 것이다. 또 형제의 요청에 사랑을 계속 주어도 나의 사랑이 고갈되기는커녕 계속 늘어나기만 한다면, 나는 단지 사랑을 가졌을 뿐만 아니라, 나라는 존재 자체가 사랑임에 틀림없다. 형제의 "공격" 너머로 사랑의 요청을 들어라. 그리고 사랑을 주어라. 그럼으로써 너 자신이 사랑임을 깨달아라. 수업은 이렇게 가르친다.

공격은 사랑을 달라는 요청이다. T,11:10

모든 실수는 사랑을 달라는 요청이다. T,19:28

사랑을 구하는 호소에 사랑을 줌으로써 응답하는 것보다
사랑의 실재에 대해 어떻게 더 잘 배울 수 있겠는가? T,11:13

사랑은 언제나 응답한다.

사랑은 도움을 달라는 요청을 거절하지 못하며,
네가 만들었지만 원하지는 않는
이 이상한 세상 곳곳에서 일어나는 고통의 울부짖음을
듣지 않을 수 없기 때문이다. T,12:62

하느님의 권능에는 한계가 없고 항상 최내치이기에,
모든 이의 모든 요청에 모든 것이 베풀어진다.
여기에는 난이도가 없다.
도움의 요청에는 도움이 주어진다. T,14:51

사랑하는 생각은 전부 참이다.
다른 모든 것은 치유와 도움을 달라는 호소이다.

그것이 어떤 형식을 취하든,
이것이 그 본모습이다. T,11:3

하느님의 아들은 결코 죄를 지을 수 없지만,
자신을 해칠 수 있는 것을 소망할 수는 있다.
또한 그는 자신이 해를 입을 수 있다고 생각할 수 있는 힘을 가졌다.

이것은 단지 그 자신에 대한 잘못된 지각이 아니겠는가?
그렇다면 이것은 죄인가 실수인가?
용서할 수 있는 것인가 용서할 수 없는 것인가?

그에게 필요한 것이 도움인가 정죄인가?
너의 목적은 그가 구원받는 것인가 저주받는 것인가?
그가 너에게 어떤 존재인지를 잊지 않는 것이
이런 선택을 너의 미래로 만든다. T,25:31

도와달라는 형제의 간청에 분노로 반응한다면
그것이 정당화될 수 있겠는가?
그에게 도움을 주려는 용의 외에
다른 어떤 반응도 적절한 반응일 수 없으니,
오로지 도움만이 그가 요청하고 있는 것이기 때문이다. T,11:3

도움을 달라는 요청을 인식하지 못할 때마다

너는 도움받기를 거절하는 것이다.
너에게 그 도움이 필요 없다고 주장하려는가?

하지만 형제의 호소를 인식하기를 거부할 때
너는 바로 그렇게 주장하고 있는 것이다.
너는 오로지 그의 호소에 응답함으로써만
도움을 받을 수 있기 때문이다.

그를 돕지 않겠다고 거절하면
하느님이 너에게 주시는 응답을
지각하지 못할 것이다. T,11:6

성령으로 하여금 너에게 형제를 보여주게 하고,
형제의 사랑과 사랑에 대한 필요를 가르치게 하라. T,14:56

네가 자신에게 주어진 천국의 도움을 활용하기로 선택할 때,
전에는 분노의 정당한 근거를 제공하는
수단이라고 여긴 각 상황이
사랑의 정당한 근거를 제공하는
사건으로 바뀌는 것을 볼 것이다.

전에는 선전 포고라고 들었던 것이
실제로는 평화의 요청임을 들을 것이다.
전에는 공격을 주었던 곳이

마찬가지로 쉽고도 훨씬 더 기쁘게
용서를 줄 수 있는 또 다른 제단임을 지각할 것이다.

너는 모든 유혹을 단지 너 자신에게 기쁨을 가져다줄
또 하나의 기회로 재해석하게 될 것이다.

그른 지각이 어찌 죄일 수 있겠는가? T,25:28

그 형제의 마음에도 너의 마음에도
사랑과 사랑에 대한 필요라는
두 등급의 생각만이 있을 뿐이다. T,14:56

사랑이 있는 곳에서는
형제가 너에게 사랑을 줄 것이니,
사랑의 정체가 그러하기 때문이다.

그러나 사랑에 대한 필요가 있는 곳에서는
네가 사랑을 주어야 하니,
너의 정체가 그러하기 때문이다. T,14:57

형제에게 그가 진정으로 원하는 것을 주는 것은
그것을 너 자신에게 제공하는 것이다.
아버지는 네가 형제를

너 자신으로 알기를 뜻하시기 때문이다.

사랑을 구하는 형제의 요청에 응답하라.
그러면 너의 요청이 응답받는다. T,11:16

형제

수업의 핵심적인 개념 중 하나는 공유된 정체라는 개념이다. 형제들과 나는 하느님이 창조하신 외아들의 동등한 구성원으로서 하나의 정체를 공유한다. 그들과 나는 하느님의 한 아들이다. 부분이 전체 안에 있고, 전체가 부분 안에 있는 상태! 특별성과 분리에 사로잡힌 우리가 이것을 당장 이해하기는 어렵다.

그렇다면 우리는 그것을 어떻게 다시 깨달을 수 있을까? 그 길은 바로 용서의 길이다. 수업의 용서는 형제의 "죄"를 용서하는 것이 아니라, "형제가 저질렀다고 내가 생각하는 죄"를 간과하는 것이다. 그것은 형제에 대한 판단을 내려놓고, 형제에 대한 나의 지각 너머로 그의 진정한 정체를 보는 것이다.

내가 형제에게 아무리 끔찍한 죄의식을 뒤집어씌웠을지라도, 용서의 눈을 통해 보면 그는 여전히 거룩하고 순결하게 남아있다. 우리는 그동안 형제의 "죄"를 들먹이면서 그를 무자비하게 공격했지만, 그것은 그의 정체를 털끝만큼도 건드리지 못했다. 그는 여전히 하느님이 창조하신 그대로이다.

우리 안에는 남에게 절대로 보여주고 싶지 않은 어둠이 있다. 그것은 결코 실재하지 않는 "죄"이지만, 그로 인해 우리는 무의식 깊은 곳에서 자신이 결코 용서받을 수 없는 죄인이라고 믿고 있다. 그런데 우리가 "결코 용서할 수 없는 죄"에 대해 형제를 용서하는 경험을 하고 나면, 우리 자신의 죄도 마찬가지로 실재하지 않는다는 것을 깨닫게 된다.

하지만, 단 한 명의 형제라도 용서에서 제외시키면 안 된다. 에고는 우리의 모든 죄의식을 주로 한두 사람에게 투사하도록 유도한다. 그렇게 제외시킨 형제는 사실 치유되기를 거부하는 우리 내면의 특정한 어둠을 보여줄 뿐이다. 그들에 대한 정죄를 멈추고 자신의 내면을 바라볼 용의를 낼 때, 우리는 비로소 자신의 치유를 받아들일 것이다.

이렇게 형제는 나를 죄의 꿈에서 구해주는 구원자가 된다. 형제의 죄 없음은 곧 나의 죄 없음이다. 형제의 거룩함은 곧 나의 거룩함이다. 하느님의 거룩한 아들로서의 형제의 정체는 곧 나의 정체이다. 용서를 통해, 우리 마음에서 분리 의식이 사라지고 단일성이 회복된다.

1
형제를 너 자신으로 알라

천국에서 우리는 서로를 완벽하게 알며, 완벽한 사랑으로 사랑한다. 그곳에서는 형제가 곧 나 자신이라는 것에 추호의 의심도 없다. 하지만 지각의 세상에 사는 동안, 우리가 과연 "나는 그를 안다. 그는 바로 나 자신이다."라고 진심으로 말할 수 있는 자가 단 한 명이라도 있을까? 우리는 은아들이라는 공유된 정체를 조각내서 그중 한 조각을 자기 자신으로 지각하겠다고 결정했다. 이제 우리는 사방에서 내가 아닌 자들을 본다. 그 조각들은 서로 너무 다르며, 서로에게 너무도 낯선 존재이다.

우리는 심지어 자신이 누구인지에 대한 확신도 없다. 우리는 더 이상 자신을 하느님의 아들이라고 생각하지 못한다. 용서는 먼저 우리로 하여금 그들이 나와 "같은" 형제들임을 깨닫게 해준다. 형제들을 겨누던 칼을 내려놓고 마음의 문을 열어 그들을 나의 일부로 받아들임에 따라, 어느덧 우리 사이의 경계가 사라진다. 배가 지나가며 가른 물살이 이내 합쳐지듯이, 우리의 하나인 상태가 드러난다. 그것은 곧 우리의 진정한 정체다. 이제 우리는 사방에서 오로지 나 자신만 보는 곳, 천국에 있다.

너의 정체는 공유되며,
그러한 공유가 너의 정체의 실재임을
항상 기억하라. T,9:9

아버지는 너희를 함께,
그리고 하나로서 창조하셨다. T,21:28

하느님께는 오로지 한 아들만 있으며,
하느님은 모든 아들을 하나로 아신다.

하느님이 창조하신 모든 영혼은
정녕 너의 일부로서
하느님의 영광을 너와 더불어 나눈다. T,9:33

하나인 상태에 있는 온아들은
부분들의 합을 초월한다.
하지만 어느 한 부분이라도 없으면
이 사실은 가려진다. T,2:102

네 형제를 아는 것이 정녕 하느님을 아는 것이다. T,4:90

너는 하느님 안에 살기에, 내 안에 산다.
또한 네가 모든 이 안에 살 듯이,
모든 이가 네 안에 산다.

그렇다면 형제를 가치 없다고 지각하면서
너 자신은 그렇게 지각하지 않을 수 있겠는가? T,10:62

지각은 너에게,
너는 네가 보는 것에 드러나 있다고 말해 준다.

너는 형제를 너 자신처럼 볼 수밖에 없다.

네가 형제의 몸이라는 틀 안에 갇혀있으면
너는 자신의 죄 많음을 볼 것이며,
그 안에서 정죄 받는다.

네가 형제의 거룩함 안에 자리 잡으면
형제 안의 그리스도는 자신을 너라고 선포한다. T,25:5

이 세상의 목적은 형제를 너 자신과 분리시키는 것이다.

그것은 음산하고 무서운 목적이기는 하지만,
살아있는 것에서 풀잎 하나도
죽음의 징표로 바꿀 힘이 없는 생각이다. T,29:55

하느님이 창조하신 빛은 하느님과 하나다.
너의 빛으로부터 한 형제를 잘라내려는가?
그것은 단지 너 자신의 마음만 어둡게 할 수 있을 뿐임을 깨닫는다면
그렇게 하지 않으리라.

네가 그 형제를 되찾아 올 때
너의 마음도 함께 돌아올 것이다. T,10:33

네 형제를 너 자신처럼 사랑하는 것은 꿈이 아니다. T,18:45

너희는 내면에서 서로를 완벽한 사랑으로 사랑하고 있다.
그곳은 어떤 대체물도 들어올 수 없으며
서로에 대한 진리만이 머물러 살 수 있는 거룩한 땅이다.

그곳에서 너희는 하느님 안에서 결합되어 있으며,
너희가 하느님과 결합되어 있는 것만큼이나
강력하게 서로 결합되어 있다. T,18:9

형제들을 저버리지 말라.
그러면 너 자신을 저버리는 것이다.

형제들을 사랑스럽게 바라보라.
그럼으로써 그들은 자신이 너의 일부임을 알게 되고,

너도 네가 그들의 일부임을 알게 된다. W,139:9

2 용서하는 것은 간과하는 것이다

세상의 용서는 먼저 잘못을 분명히 본 후, 그것을 일단 덮어두기로 한다. 우리는 그것이 분명 행해진 것이라고 보며, 따라서 결코 없던 일로 여길 수는 없다. 잘못이 실재하는 한 형제는 평생 정죄의 굴레를 뒤집어쓰고 있어야 한다. 그는 선행으로 잘못을 상쇄하려 할 수는 있겠지만, 그렇다고 과거의 잘못이 사라지는 것은 아니다. 과거의 망령은 언제라도 다시 살아나 그를 정죄할 수 있다. 그의 정체는 씻을 수 없는 죄에 물들어 영원히 순결을 잃었다!

우리의 지각이 이렇게 형제의 잘못에 멈춰 맴돈다면, 우리 스스로가 죄와 정죄의 세상을 영원히 맴돌 것이다. 그렇다면, 지각의 초점을 바꿔라! 진정한 용서는 처음부터 형제의 잘못을 간과하는 것이다. 우리가 형제에게서 보는 잘못이란 단지 망상에 불과하기 때문이다. 이제 지각의 초점을 잘못 너머로 맞춰서, 형제의 순결한 정체를 보지 않으려는가? 형제가 자신에 대해 무엇을 믿든, 네가 형제에 대해 어떤 악몽을 꾸든, 그의 정체는 결코 변하지 않았다. 그리고 그의 정체는 곧 너의 정체다. 바로 이것만 보라! 수업은 이렇게 말한다.

용서하는 것은 간과하는 것이다.
그러니 잘못 너머를 보고,
너의 지각이 잘못에 머물지 않게 하라.
너는 너의 지각이 붙잡고 있는 것을
믿을 것이기 때문이다. T,9:9

지각은 다만 네가 가르친 것을 입증해 보일 뿐이다.
지각은 너의 소망이 바깥에 나타난 그림이며,
네가 진짜이기를 원했던 이미지이다. T,24:69

너 자신을 알고자 한다면
오로지 형제의 정체만을 진리로 받아들여라.
형제의 정체가 아닌 것을 지각한다면
너는 그를 거짓되게 보는 것이며,
따라서 너 자신의 정체를 알 수 없다. T,9:9

용서는 죄를 먼저 확립한 다음에
용서하지 않는다. T,27:14

천국에는 죄가 있을 자리가 없다.
죄의 결과는 천국에서 이질적이며,
그 근원만큼이나 천국에 들어갈 수 없다.

바로 그 안에 네가 형제를 죄 없다고 보아야 할 필요성이 있다. T,20:28

용서는 언제나 정당하다.
용서에는 확실한 근거가 있다.
너는 용서할 수 없는 것을 용서하는 것도 아니고,
처벌을 요하는 진짜 공격을 간과하는 것도 아니다. T,30:71

용서받아야 할 것이라고는
네가 형제에 맞서 들이민 환상이 전부다.
형제의 실재에는 과거가 전혀 없고,
오로지 환상만이 용서받을 수 있다. T,16:8

용서가 자연스럽고도 아주 온당한 이유는
죄가 실재하지 않기 때문이다.

용서는 환상에 동의하지 않고 빙긋이 웃으면서
환상을 가볍게 모아 진리의 발 앞에 부드럽게 내려놓는다.
그러면 거기서 환상이 완전히 사라진다. W,134:6

용서의 힘은 정직함에 있다.
그것은 전혀 타락하지 않아서 환상을 환상으로 볼 뿐,
진리로 보지 않는다.

용서는 존재하지 않는 것을 간과하는 능력을 가지고,
죄의 꿈이 가로막은 진리로 가는 길을 열어젖힌다. W,134:8

그러니 너의 형제를 잘못 보지 말고,
그의 사랑하는 생각만을 그의 실재라고 보아라.
아버지가 그를 받아들이시듯이 그를 받아들여라. T,10:84

사랑은 죄를 완전히 간과한다. T,19:49

구원은 단지 너에게
그 누구도 결코 행하지 않은 것을 전부 용서하고,
존재하지 않는 것을 간과하며,
비실재를 실재라고 보지 말라고 요청할 뿐이다. T,30:55

내가 너희를 해방시켰듯이,
이곳에서 네 형제를 해방시켜라.
그에게 그와 똑같은 선물을 주어라.
그를 그 어떤 정죄의 눈길로도 바라보지 말라.

내가 너를 바라보듯이 그를 죄 없다고 보라.
그가 자신 안에서 본다고 생각하는 죄를 간과하라. T,19:107

어떤 잘못도 제외하지 않고 아무것도 감추지 않는

완전한 용서로 서로를 바라볼 때,

도대체 간과할 수 없는 실수가

어디에 있겠는가? T,22:57

이제 그의 죄를 용서하라.

그러면 네가 그와 하나임을 알게 될 것이다. W,192:10

3 용서함으로써 용서받아라

내면의 깊은 어둠을 들여다보고도 자신이 그 모든 잘못에 대해 용서받을 수 있다고 확신할 수 있는 자가 과연 몇이나 될까? 우리는 이렇게 강력한 죄의식에서 벗어나려고 안간힘을 쓴다. 밖에 있는 형제나 세상을 대신 비난하기도 하고, 병이나 불행으로 자신을 처벌하기도 한다. 또한 시시한 일이나 쾌락에 몰두하기도 한다. 하지만 그것들은 모두 미봉책일 뿐, 죄의식을 근본적으로 없애주지는 못한다. 너의 죄는 절대로 용서받을 수 없어! 죄의식의 망령은 속삭인다.

수업에 따르면, 우리는 형제를 용서함으로써 자신이 이미 용서받았음을 깨달을 수 있다. 형제의 잘못을 용서할 수 없는 죄로 보고 정죄할 때 우리는 "죄는 결코 용서받을 수 없다."는 믿음을 자신에게도 적용하여, 자신이 영원히 용서받을 수 없는 죄인이라고 믿게 된다. 하지만 형제를 진정으로 용서할 때 우리는 씻을 수 없는 죄란 없으며, 결과적으로 우리 자신의 "죄"도 용서받을 수 있다고 믿게 된다. 왜냐하면 우리는 형제에게 적용하는 것을 자동적으로 자신에게도 적용하기 때문이다. 우리의 마음은 하나이기에, 이렇게 작동한다.

사랑에게 길을 내주어라.
너는 사랑을 창조하지 않았지만,
사랑을 확장할 수는 있다.
땅에서 이 말은 형제를 용서하여
너의 마음에서 어둠이 걷히게 하라는 의미이다. T,29:23

형제를 용서할 때 너는
용서가 네 안에서 이루어졌음을 받아들인다.
너는 형제를 너 자신으로 인식하며,
따라서 네가 정녕 온전하다고 지각한다. W,159:2

너는 형제를 용서할 용의가 얼마나 있는가?
너는 끝없는 다툼과 불행과 고통 대신에
평화를 얼마나 열망하는가?
용서는 정녕 너의 평화다. T,29:38

형제를 정죄할 때 너는
"죄가 있던 나는 계속 그렇게 남아있기로 선택한다."
라고 말하는 것이다. T,13:14

그렇다면 형제를 공격하려는 유혹을 받을 때,
그의 해방의 순간이 곧 너의 해방의 순간임을 기억하라. T,15:13

용서는 모든 종류의 공격에 대한 유일한 답이다. T,26:64

형제의 모든 겉모습을 용서하라.
그것은 네가 네 안의 죄 많음에 대해
너 자신에게 가르친 오랜 레슨일 뿐이다. T,31:23

네 형제를 마땅히 용서받을 만하다고 볼 수 있다면,
너는 용서가 그의 권리인 만큼이나
너의 권리이기도 하다는 것을 배운 것이다. T,30:73

네가 용서하는 자는 자유로워지며,
너는 네가 주는 것을 공유한다.
네 형제가 스스로 지었다고 생각하는 죄와
네가 그에게서 본다고 생각하는 모든 죄를 용서하라. T,19:104

네가 형제 안에서 지각하는 환상에 대해
형제를 용서함으로써,
그를 자신의 환상의 노예 상태에서 해방시켜라.

그럼으로써 너는 네가 이미 용서받았음을 배울 것이니,
형제에게 환상을 제공한 것은
바로 너이기 때문이다. T,16:78

형제 안에 천국이 있다.
그 대신에 형제 안에서 죄를 보면 너는 천국을 잃는다.
그러나 형제를 있는 그대로 보면,
너의 것이 형제로부터 너에게로 빛난다. T,20:29

4

그 누구도 제외시키지 말라

다 용서해도 저 인간만은 용서 못 해! 저 죄만은 용서 못 해! 이렇게 용서에 제외 대상을 두는 것은 곧 환상에 등급을 매기는 것이다. 우리는 어떤 환상은 조금 약하니까 쉽게 용서할 수 있고, 어떤 환상은 너무 강력해서 도저히 용서할 수 없다고 믿는다. 하지만 우리가 환상에 등급을 매기는 기준은 아주 제멋대로다. 어떤 이는 거짓말은 결코 용인할 수 없다고 주장하고, 어떤 이는 외출 후 손을 씻지 않는 것은 도저히 용서할 수 없다고 주장한다. 그리고 우리는 계속 그 "죄"를 정죄하는 간수가 되어 세상이라는 감옥에 머물러 산다.

제외 대상을 두는 것에는 또 다른 위험이 있다. 세상의 모든 이의 모든 "죄"를 다 용서했지만 단 한 사람의 단 하나의 "죄"를 용서하지 못한 이가 있다고 해보자. 그는 자신에게도 그 원리를 적용하여, 자신의 모든 죄가 다 용서받아도 특정한 죄 하나는 결코 용서받지 못할 것이라고 믿을 수밖에 없다. 그러니 그가 천국으로 돌아가는 것은 아주 멀고도 먼 훗날의 일이 된다. 그렇다면 용서에 제외 대상을 두는 것은 단지 우리 자신을 환상에 묶어두기 위한 방어수단에 불과하다.

네 형제가 아닌 자는 아무도 없다. W,201:1

그 누구도 너의 사랑에서 제외시키지 말라.
그렇지 않으면 네 마음 안에 성령을 환영하지 않는
어두운 곳을 숨기게 된다.

그리고 너는 성령의 치유 능력으로부터
너 자신을 제외시킬 것이다.
왜냐하면 너는 총체적인 사랑을 제공하지 않음으로써
완전하게 치유되지 않을 것이기 때문이다. T,12:19

네 영혼의 평화는 그 한계 없음에 있다.
네가 공유하는 평화를 제한하면,
너 자신의 영혼을 알 수 없게 된다.

하느님께 바치는 모든 제단은
네 영혼의 일부이니,
하느님이 창조하신 빛은
하느님과 하나이기 때문이다.

너의 빛으로부터 한 형제를 베어내려는가?

너는 오로지 자신의 마음만
어둡게 할 수 있을 뿐임을 깨닫는다면,

그리 하지는 않으리라.
네가 그 형제를 다시 데려올 때,
너의 마음도 돌아올 것이다.
하느님은 바로 이런 법칙으로
당신 아들의 온전성을 보호하신다. T,10:33

너는 네가 죄 없다고 지각하는 자를 사랑하듯이,
네가 공격하는 자를 두려워할 것이다. T,23:2

두려움은 항상 제외 대상을 만든다.

사랑은 어떤 제외 대상도 둘 수 없다.
두려움이 있는 경우에만
제외 대상이라는 아이디어가 의미 있어 보인다. T,7:45

사랑은 제한하지 않으며,
사랑이 창조하는 것 또한 제한되어 있지 않다.
한계 없이 주는 것이 너를 위한 하느님의 뜻이니,
오로지 이것만이 너에게 기쁨을 가져다주기 때문이다. T,10:10

너는 어두운 동반자들을 데리고서는
하느님의 현존에 들어갈 수 없다.

하지만 그곳은 홀로 들어갈 수 있는 곳도 아니다. T,10:29

너의 모든 형제들이 너와 함께 들어가야 하니,
네가 그들을 받아들이기 전에는 너도 들어갈 수 없기 때문이다.

너는 스스로 온전하지 않은 한 온전성을 이해할 수 없으며,
아들이 아버지의 온전성을 알고자 한다면
아들의 어떤 부분도 제외시켜서는 안 된다.

너는 온아들 전체를 마음 안으로 받아들여,
아버지가 온아들에게 주신 빛으로 축복할 수 있다. T,10:30

하나의 환상에라도 매달리는 자는
자기 자신을 죄 없다고 볼 수 없으니,
그는 여전히 자신의 잘못 하나를
사랑스럽게 붙잡고 있는 것이기 때문이다. T,24:26

네 주위에 있는 것 중에 너의 일부가 아닌 것은 아무것도 없다.

그것들을 사랑스럽게 바라보고,
그 안에서 천국의 빛을 보라.
그러면 너는 너에게 주어진 모든 것을 이해하게 될 것이다.

세상은 친절한 용서로 반짝거리며 빛나고,
네가 한때 죄 있다고 생각한 모든 것이 이제는
천국의 일부로 재해석될 것이다. T,23:6

5 형제는 너의 구원자다

이 세상에서 우리는 악몽과도 같은 삶을 살아간다. 나를 싸늘하게 노려보며 정죄의 독화살을 쏘는 자, 어둠 속에서 갑자기 나타나 등을 치는 자, 내 것을 빼앗아가려고 호시탐탐 노리는 자, 떨쳐낼수록 더 달라붙어 피를 빨아먹는 자… 우리는 여전히 천국에서 사랑하는 형제들에게 둘러싸여 있건만, 그들이 나의 원수이자 배신자, 흡혈귀가 된 꿈을 꾼다. 그러한 꿈에 맞서 싸우거나 회피하려 할수록, 더 깊은 꿈으로 빠져들 뿐이다. 도저히 그 꿈에서 헤어날 수 없을 것만 같다.

하지만 용서의 눈을 통해 보면, 원수 같은 형제는 도움을 요청하는 형제가 된다. 그는 자신의 정체를 잃고 악마가 되었다는 두려움에 떨고 있지만, 그의 내면에서는 여전히 그리스도의 빛이 빛나고 있다. 우리가 공격을 멈추고 사랑스러운 눈길로 그 빛을 바라보아주면, 그것은 돌아와 우리 내면의 빛을 되비쳐준다. 그에 따라 우리는 마침내 자신 안의 빛을 알아차리게 되고, 악몽에서 깨어나게 된다. 자신의 정체를 깨닫게 된다. 이렇게 형제와 나는 서로를 악몽에서 깨워주는 구원자가 된다.

너는 너 자신을 깨울 수 없다.
그러나 너 자신이 깨어나도록 허용할 수는 있다.

너는 네 형제의 꿈을 간과할 수 있다.
너는 그의 환상을 너무도 완벽하게 용서할 수 있기에,
그는 너를 너의 꿈에서 깨우는 구원자가 된다. T,29:22

형제는 너를 두려움의 꿈에서 건져주는 구원자이다. T,24:49

네가 용서하는 자에게
너의 환상들을 용서할 힘이 주어진다.
네가 주는 자유의 선물에 의해,
그 선물이 너에게 주어진다.

너의 용서를 통해 그에게 빛이 왔을 때,
그는 자신의 구원자를 잊고서
구원되지 않은 채로 내버려 두지 않을 것이다. T,29:23

네가 그를 용서할 힘을 가졌듯이,
그는 내면에 너의 죄를 용서할 수 있는
힘을 가졌다. T,19:102

네가 던져버린 열쇠를
하느님이 네 형제에게 주셨다.

네가 너의 계획 대신에
하느님이 너를 위해 세우신 구원 계획을 받아들일 준비가 되면,
네 형제의 거룩한 손이
그 열쇠를 너에게 내밀어 줄 것이다. T,24:25

너희는 서로의 눈을 통해 자신의 가치를 볼 것이며,
각자는 자신이 거기에 있다고 생각한 공격자 대신에
자신의 구원자를 봄으로써 해방된다.

이러한 해방을 통해 세상이 해방된다.
이것이 평화를 가져오는 데서 너희가 맡은 역할이다. T,22:58

형제들이여, 너희는 서로를 용서해야 한다.
너희는 함께 광기 아니면
천국을 공유할 것이기 때문이다. T,19:101

너희가 죄에게 서로를 지배할 힘을 부여하지 않는 순간,
너희의 죄와 죄의 모든 참화가 치유될 것이다.

그리고 너희는 서로를

죄에 대한 믿음에서 기쁘게 놓아줌으로써,
서로의 실수를 극복하도록 도울 것이다. T,19:34

너의 모든 실수를 간과할 수 있는 것이
네 형제 안에 있으며,
바로 여기에 그의 구원이 있다.
너의 구원도 마찬가지이다. T,20:29

너희는 따로 떨어져 걸으면서,
너희를 어느 곳으로도 데려다주지 못한
길고도 무의미한 여정 끝에 함께 집으로 돌아오고 있다.
너희는 서로를 발견했으며,
서로의 길을 비춰줄 것이다. T,18:31

너희 둘 안에서 서로를 위한 등불이 켜졌다.
서로에게 그 등불을 준 바로 그 손에 의해,
너희는 모두 두려움을 지나
사랑으로 인도될 것이다. T,20:15

용서

이 세상을 살아가는 동안 우리는 끝없는 추구를 한다. 우리는 좋은 학벌과 직장을 구하고, 부와 명예를 구한다. 우리는 또한 건강과 아름다움, 멋진 짝을 구한다. 하지만 그것들 중에 궁극적인 만족을 주는 것은 아무것도 없다. 어느 하나를 손에 쥐면 다른 하나가 빠져나가고, 애써 구한 끝에 잠시 달콤한 만족을 주는 듯했던 것은 머지않아 씁쓸한 실망만 안겨준다.

우리는 자신이 하느님을 떠나 덧없이 스러질 몸 외에는 아무것도 갖지 못한 존재가 되었다고 믿기에, 극도의 두려움에 떨면서 자신의 몸을 지켜줄 수 있다고 믿는 것이라면 무엇이든 끌어모은다. 우리가 세상에서 가치를 두고 구하는 것들은 결국 우리가 우리 자신이라고 여기는 몸의 안위와 만족을 위한 것들이다.

바로 그것들이 우리가 세상에서 구하는 모든 것(everything)이다. 하지만 수업은 그것들이 무(nothing)라고 말한다. 그것들은 실체성이 전혀 없는 허깨비와 같다. 우리는 마음 깊은 곳에서 이 사실을 알고 있지만, 그 질곡에서 벗어날 길을 모르기에 온 생을 헛된 추구에 바친다. 끔찍한 공허감과 두려움을 잠시나마 잊을 수 있기를 바라면서.

사실 그것들은 우리가 진정으로 구하는 것의 대체품에 불과하다. 우리가 그 모든 추구 뒤에서 진정으로 구하는 것은 사랑과 평화와 안전이다. 하느님이 창조하신 대로의 우리의 진정한 정체이다. 이것들이야말로 정녕 모든 것(everything)이다.

이 모든 것을 용서가 제공해준다. 우리는 우리의 모든 지각을 용서한다. 우리가 형제에게 덧씌운 이미지를 용서하고, 세상을 용서하고, 시간을 용서한다. 그리고 우리 자신의 자아 이미지를 용서한다. 그 과정에 우리가 지어낸 환상 너머를 보는 비전이 분명해지고, 우리가 썩어버릴 몸이라는 믿음이 사라진다. 결국에는 죽음에 대한 두려움이 사라지고 진정한 생명을 받아들이게 된다.

천국에서 우리의 기능이 창조이듯이, 이 세상에서 우리의 기능은 용서다. 우리가 이 세상에 있는 이유는 오로지 우리가 지어낸 것들을 용서하기 위해서다. 용서를 통해 우리는 우리가 이미 모든 것을 가졌음을 깨닫게 된다. 용서를 통해 우리는 우리가 여전히 하느님이 창조하신 그대로임을 깨닫게 된다.

1
용서는 모든 것을 준다

수업은 모든 것(everything)과 무(nothing)의 차이에 대해 아주 철저히 가르친다. 하느님은 우리를 모든 것으로 창조하셨다. 그런 우리는 영이고 사랑이며, 변함없고 영원하다. 하지만 우리는 영이 아닌 몸이, 사랑이 아닌 두려움이 되기로 선택했다. 즉, 모든 것을 버리고 무를 선택했다. 그에 따라 우리는 하느님 안에서의 거룩함과 평화 대신에 죄와 전쟁의 세상에 살게 되었다. 사실 우리는 이 모든 것을 잃은 적이 없지만, 악몽 속에서 그렇게 믿기로 선택했다.

우리는 모든 것을 잃었다는 결핍감을 보상하려고 세상에서 많은 것들을 추구한다. 몸의 쾌락과 물질적인 풍요, 에고의 명예… 이것들 또한 무의 상징으로서 결국 변하고 사라지겠지만, 우리는 그것들이 모든 것이라고 믿고서 모든 것을 바쳐 추구한다. 용서할 때 우리는 그 모든 추구를 멈추고, 무를 단지 무로 보기로 선택하는 것이다. 그렇게 비워진 우리 마음에 모든 것에 대한 기억이 살며시 떠오른다. 그것은 바로 우리 자신의 정체에 대한 기억, 하느님에 대한 기억이다.

네가 원하는 것 중에
용서가 줄 수 없는 것이 무엇이 있겠는가?
평화를 원하는가?
용서는 평화를 준다.

행복과 고요한 마음과 목적에 대한 확신,
세상을 초월하는 가치와 아름다움의 느낌을 원하는가?
보살핌과 안전, 따뜻하고 확실한 보호를 원하는가?

깨뜨릴 수 없는 고요함,
결코 상처받을 수 없는 온유함,
깊고도 지속적인 편안함,
너무도 완벽하여 결코 흔들릴 수 없는 안식을 원하는가? W.122:1

용서는 이 모든 것을 줄 뿐만 아니라,
더 많은 것도 준다.

용서는 네가 잠에서 깰 때
눈에서 반짝이며 하루를 맞이할 기쁨을 준다.
용서는 네가 자는 동안 이마를 어루만져주며,
너의 눈꺼풀에 내려앉아
두려움과 악, 적의와 공격의 꿈을 보지 않게 한다.

네가 다시 깨어날 때,
용서는 행복하고 평화로운 또 다른 하루를 준다.

용서는 이 모든 것을 줄 뿐만 아니라,
더 많은 것도 준다. W,122:2

용서는 네가 하느님의 아들을 알아보게 하고
너의 기억에서 죽은 생각을 전부 씻어내어,
아버지에 대한 기억이
마음의 문턱을 넘어 떠오를 수 있게 한다. W,122:3

용서하는 자의 눈에
하느님의 은혜가 부드럽게 내려앉고,
그가 바라보는 모든 것은 하느님에 대해 말해 준다.

그는 어떤 악도 볼 수 없으며,
이 세상에서 두려워할 것이나
자신과 다른 사람을 볼 수도 없다.
그는 그들을 사랑하듯이
자신도 사랑스럽고 부드럽게 바라본다.

그는 다른 사람이 실수했다고 하여 저주하지 않듯이
자기 자신도 정죄하지 않는다.
그는 복수의 심판을 내리는 자도,
죄를 징벌하는 자도 아니다.

그의 친절한 눈길은

다른 이를 바라보는 그 모든 다정함을 담아
자기 자신에게 머문다.
그는 다만 치유하고 축복하려 하기 때문이다.

그는 또한 하느님의 뜻을 따르기에,
하느님이 자신의 눈길에 베풀어주신 은혜로
모든 이를 바라보며 축복할 권능을 가졌다. T,25:43

용서의 백합꽃 한 송이가 어둠을 빛으로,
환상에 바친 제단을
생명 자체의 신전으로 바꿀 것이다. W,ST12:5

용서는 세상에서 그림자를 거둬내고,
세상을 부드럽고 안전하고 확실하게 감싸서
새롭고 깨끗한 지각의 눈부신 세상으로 데려간다. T,18:98

그리고 하느님이 당신의 아들로,
당신의 거처로, 당신의 기쁨으로, 당신의 사랑으로,
완전히 당신의 것으로,
완전히 당신과 하나로 창조하신 거룩한 마음에게
평화가 영원히 회복될 것이다. W,ST12:5

2 네 형제를 용서하라

우리는 누구나 깊은 죄의식에서 해방되어 순결을 얻기를 원한다. 하지만 세상의 법칙에 따르면, 내가 무언가를 가지면 상대방은 그것을 잃는다. 따라서 내가 순결을 가지려면 상대방은 순결을 잃고 죄인이 되어야 한다. 우리는 이렇게 순결을 놓고 형제와 전쟁을 벌인다. 형제를 죄인으로 만드는 가장 좋은 방법은 나의 죄의식을 그에게 투사하는 것이다. 그리고 죄의식을 투사하기 가장 좋은 형제들은 부모나 자식, 남편이나 아내 등 가까운 이들이다.

생각만 해도 마음이 불편해지는 자가 있는가? 아무리 정죄해도 속이 시원치 않고, 세상 모두가 구원되어도 그만은 구제 불능일 것 같은 자가 있는가? 나의 일부가 아니라고 외면하고 싶은 자가 있는가? 수업은 우리에게, 바로 그 형제를 용서하라고 말한다. 그가 바로 하느님이 나의 구원을 위해 선택하여 보내주신 자다. 그가 바로 내 안에 꽁꽁 숨겨놓은 죄의식을 드러내 보여주어 치유될 기회를 제공해 주는 구원자다. 내가 그를 용서하기로 선택할 때, 비로소 내 안에서 치유가 시작된다. 실제로 나는 오로지 나 자신만을 용서할 수 있다.

용서는 모든 환상에서 해방되는 것이다.
따라서 부분적으로만 용서하는 것은 불가능하다. T,24:26

한 형제를 온전히 용서하는 것은
모든 마음에게 구원을 안겨주기에 충분하다. W,108:5

너는 형제를 용서할 용의가 얼마나 있는가?
너는 끝없는 다툼과 불행과 고통 대신에
평화를 얼마나 열망하는가?
용서는 정녕 너의 평화다. T,29:38

구원을 얻을 수단에 대해서도,
구원에 도달할 방법에 대해서도 관심을 두지 말라.
그러나 너에게 형제를
죄 없다고 보려는 소망이 있는지에 대해서는
깊은 관심을 기울여라. T,24:38

네 형제의 모든 겉모습을 용서하라.
그것은 단지 네 안의 죄많음에 대해
너 자신에게 가르친 오랜 레슨일 뿐이다.

자비를 베풀어 달라는 형제의 부름을 들어라.

형제가 자신과 너의 정체에 대해 지닌
모든 두려운 이미지에서 해방시켜 달라는 부름을 들어라. T,31:23

너는 형제를 그의 죄 때문에 미워하는 것이 아니라,
단지 너 자신의 죄 때문에 미워하는 것이다.

그의 죄가 어떤 형식을 취하는 듯이 보이든,
그것은 단지 네가 그 죄를 너 자신의 것이라고 믿고 있으며,
따라서 "정당한" 공격을 받아 마땅하다고 믿고 있다는 사실을
덮어 감출 뿐이다. T,31:26

너의 죄 없는 형제를 부드럽게 꿈꿔라.
형제가 실수했다는 꿈에 머무르는 대신에
그의 친절함을 꿈꿔라.
그가 준 상처를 헤아리는 대신에
그의 사려 깊음을 꿈꾸기로 선택하라.

그의 환상을 용서하고,
그가 준 모든 도움에 감사하라.
그가 너의 꿈속에서 완벽하지 않다는 이유로
그가 준 수많은 선물을 무시하지 말라. T,27:75

네 형제 안에 너의 구원이

그의 자유와 결합되어 잠들어 있다.
그러한 형제는 얼마나 거룩한지 생각해보라!

네가 아무리 그가 정죄 받기를 바라더라도,
하느님이 그의 내면에 계신다. T,26:77

너희는 서로를 형제애로써 사랑하고 있음을 배운다는
단 하나의 목적만 가지고 왔다. T,31:24

형제들을 저버리지 말라.
그러면 너 자신을 저버리는 것이다.
그들은 너의 일부이며
너는 그들의 일부임을 그들이 알 수 있도록,
그들을 사랑으로 바라보라. W,139:9

네 형제를 용서하라,
그러면 너는 형제는 물론
아버지와도 분리될 수 없다. T,25:21

하느님 안에서 너의 형제가 살고
너도 그와 함께 산다. T,24:54

여기 땅 위에서 네가 맡은 기능은
오로지 그를 용서하는 것이다.

그럼으로써 너는 그를 다시
너의 정체로 받아들이게 된다.

그는 하느님이 창조하신 그대로이며,
너는 그의 정체이다.
이제 그의 죄를 용서하라.
그러면 네가 그와 하나임을 알게 될 것이다. W,192:10

3

과거를 용서하라

우리는 아주 먼 과거에 하느님께 특별한 사랑을 거절당하고 천국을 떠나면서 엄청난 희생을 치렀다고 생각한다. 그것은 모든 것을 잃고 무를 얻은 희생, 자신의 정체를 잃고 에고가 되어 버린 희생이었다. 사실 그것은 다른 누구도 아닌 우리 스스로 자초한 희생이었지만, 우리는 엄청난 결핍감에 빠져서 그것을 다른 누군가로부터 보상받으려고 한다. 하지만 부모도, 연인도, 친구도 예외 없이 우리를 실망시킬 수밖에 없으니, 결핍에 대한 믿음은 결핍에 대한 증거만을 끌어모으기 때문이다.

우리는 분노 속에 과거를 들이대며 형제를 공격하지만, 사실 그의 과거가 아닌 우리 자신의 과거 때문에 공격하는 것이다. 하지만 우리의 쓰디쓴 과거조차 이미 사라져 버린 한순간의 꿈에 불과하다. 우리가 과거에 자신에게 강요한 희생은 애초에 불가능한 것이었으며, 따라서 실현된 적이 없다. 이제 더 이상 형제를 우리 자신을 학대하기 위한 도구로 사용하지 말고, 과거에서 놓아주자. 그리고 그 모든 과거에 대해 자신을 용서함으로써, 우리가 여전히 하느님의 다함없는 사랑 안에 있음을 깨닫자.

용서는 시간으로부터의 위대한 해방이다.
용서는 과거는 끝났다는 사실을 배우기 위한 열쇠이다. T,26:36

사람이 과거에 대해 할 수 있는
유일하게 전적으로 참인 생각은,
과거는 없다는 것이다.
따라서 과거에 대해 생각하는 것 자체가
환상에 대해 생각하는 것이다. W,8:2

네가 기억하는 과거는
결코 있었던 적이 없다. T,14:38

너의 과거는 곧 네가 자신에게 가르친 것이다.
과거를 모두 보내버려라.

어떤 사건이나 사물, 그리고 사람도
과거의 관점에서 이해하려고 하지 말라.
네가 보기 위해 사용하는 어둠의 관점은
단지 가릴 수만 있을 뿐이기 때문이다. T,14:60

너의 과거는 분노 속에서 만들어졌으며,
네가 과거를 사용해서 현재를 공격하려 한다면

현재가 지닌 자유를 보지 못할 것이다. T,12:49

과거에 대한 복수라는 꿈을 포함하지 않은 판타지는 없다.
너는 그 꿈을 실행하려는가,
아니면 내려놓으려는가? T,16:73

너는 상대방이 너에게 한 행위 때문에
그를 비난한다고 생각한다.
하지만 네가 그를 비난하는 진짜 이유는,
네가 그에게 행한 것 때문이다.

너는 상대방의 과거가 아닌
너의 과거 때용문에 그를 비난한다.
그리고 너는 너의 과거 모습 때문에 상대방을 믿지 않는다.
하지만 상대방처럼 너도
너의 과거 모습에 대해 죄가 없다.

전혀 존재한 적이 없는 것은 원인이 없고,
존재하지 않기에 진리를 방해하지도 않는다. T,17:71

너의 과거에서 온 어떤 먹구름도
너에게서 형제를 가리게 하지 말라. T,12:49

네가 빛을 두려워하지 않는 한,
과거는 현재를 어둡게 할 그 어떤 그림자도 드리울 수 없다. T,12:46

용서하는 것은 단지
과거에 주고받은 사랑하는 생각들만 기억하는 것이다.
나머지는 모두 잊혀야 한다. T,17:14

과거를 용서하고 놓아 주어라.
과거는 사라졌다. W,26:43

기적은 네가 형제를 그의 과거 없이 보게 하여
그를 다시 태어난 자로 지각할 수 있게 해준다.

그의 잘못은 모두 지나갔으며,
너는 그를 잘못 없이 지각함으로써 해방시킨다.
또한 그의 과거는 너의 과거이기에,
너는 이러한 해방을 공유한다. T,12:49

그러니 과거의 너로 존재하지 않겠다고 결심하라.
어떤 관계도 너 자신을
과거에 묶어놓기 위해 사용하지 말고,
각각의 관계와 매일 다시 태어나기 위해 사용하라.

네가 아버지께 기꺼이 받아들여지고 싶듯이
모든 이를 기꺼이 받아들일 때
너는 내면에서 아무런 죄의식도 보지 않을 것이다.
그것은 네가 이미 속죄를 받아들인 것이기 때문이다. T,13:24

그렇게도 거룩한 네가
어떻게 고통받을 수 있겠는가?
너의 모든 과거는
그 아름다움을 제외하고는 사라졌으며,
축복을 제외하고는 아무것도 남아있지 않다. T,5:58

왜 천국을 기다리는가?
천국은 오늘 여기에 있다.
지나가 버렸든 미래에 있든,
시간은 거대한 환상이다. W,131:7

지금 이 순간은 시간으로부터의 해방이며,
따라서 구원의 시간이다.

모든 형제들에게 다가가서,
그들을 그리스도의 손길로 만져라. T,12:52

서로를 온유하게 바라보고,

너의 증오를 지각했던 곳이

사랑의 세상으로 변형된 것을 보라. T,26:43

4

세상을 용서하라

세상은 없다! 하지만 우리는 꿈속에서 세상을 보면서, 분리에 대한 믿음이 실현되었다고 생각한다. 썩어 사라질 몸들과 죄로 물든 에고들이 끊임없이 전쟁을 벌이는 곳... 이것이 바로 우리가 지어낸 세상이다. 하지만 하느님은 모든 것을 하나로 창조하셨기에, 우리와 별개의 세상은 존재하지 않는다. 또한 하느님은 영원히 변함없는 것들만 창조하셨기에, 변화무쌍한 세상은 존재하지 않는다. 세상은 단지 우리 마음 안에만 존재하며, 우리 마음 상태를 반영할 뿐이다.

우리가 이런 세상을 만들었다면, 우리는 또한 다른 세상도 꿈꿀 수 있다. 그것은 모든 것이 용서를 통해 변형되는 세상이다. 원수였던 형제가 사랑스러운 친구가 되고, 고통스러운 과거 대신에 현재의 축복만이 있다. 우리는 모든 곳에서 그리스도의 빛을 보면서, 그들과 하나가 되기만을 열망한다. 그것은 거룩한 세상, 실재세상이다. 용서를 통해 이러한 세상을 꿈꿔라! 하지만 이러한 세상조차 마침내 사라지고 우리는 천국으로 깨어날 것이니, 우리 바깥의 세상이란 결코 존재한 적이 없기 때문이다.

너는 죄의식을 가치 있게 여기는 만큼
공격이 정당화되는 세상을 지각할 것이다.
너는 죄의식이 무의미함을 인식하는 만큼
공격에는 정당한 근거가 없음을 지각할 것이다. T,25:23

하지만 세상은 오로지 그것을 만든 자의 마음 안에,
그의 진정한 구원과 함께 들어있다.

세상이 너의 바깥에 있다고 믿지 말라.
너는 세상이 어디에 있는지 인식해야만
세상에 대한 통제권을 얻을 것이기 때문이다. T,11:34

세상의 구원은
용서할 수 있는 너에게 달려있다.
이러한 것이 이곳에서의 너의 기능이다. W,186:14

네가 보는 세상은 네가 만들었기에,
네가 마음을 바꿀 때 세상도 바뀐다. W,132:6

죽어가는 세상은 너에게,
자신이 치유될 수 있도록 너 자신에 대한 공격을 한순간 멈추고
안식하라고 요청할 뿐이다. T,27:47

이곳에서의 너의 기능은,
네가 한 모든 잘못에 대해 세상을 용서하는 것이다.
그럼으로써 너는 온 세상과 함께
그것들에서 해방된다. W,115:2

네가 보는 세상은 아무것도 하지 않는다.
그 세상은 단지 너의 생각을 나타낼 뿐이다. W,190:6

너는 내면에서 느끼는 것을 바깥에서 바라보게 될 것이다.
너의 가슴 안에 증오가 자리 잡으면,
너는 뼈만 앙상한 죽음의 날카로운 손가락들 안에
무자비하게 잡혀있는 두려운 세상을 지각할 것이다.

너의 내면에서 하느님의 사랑을 느낀다면,
너는 바깥에서 자비와 사랑의 세상을 볼 것이다. W,189:5

하느님의 아들은 한순간 자신의 힘을 인식하고는
다음 순간 세상을 바꿀 수 있다. T,7:47

네가 마음을 바꿔서 자신이 진정 원하는 것으로서
하느님의 기쁨을 선택할 때,
그 세상은 완전히 달라질 것이다. W,190:6

세상이 실제로 어떠한지,
행복한 눈을 통해 어떻게 보일지
궁금한 적이 없었는가? T,20:20

에고가 바라보는 세상이 에고를 닮았듯이,
거룩한 자들이 보는 세상은 그들과 하나이다.
거룩한 자들은 세상에서 자신의 순결을 보며,
따라서 그들이 보는 세상은 아름답다. T,20:21

땅에서 가장 거룩한 곳은
태고의 증오가 현재의 사랑이 된 곳이다. T,26:82

용서는 죄의 세상을
보기에도 놀랄만한 영광스러운 세상으로 바꿔놓는다.

꽃송이 하나하나가 빛 속에서 반짝거리며,
새들마다 천국의 기쁨을 노래한다.
여기에는 슬픔도 없고 분리도 없으니,
모든 것이 전적으로 용서받았기 때문이다. T,26:26

용서받은 눈으로 세상을 볼 때,
이 모든 아름다움이 일어나 너의 시각을 축복한다.

가장 작은 잎사귀 하나가 경이로운 것이 되며,
풀잎 하나가 하느님의 완성을 나타낸다.

용서받은 세상으로부터,
하느님의 아들은 가볍게 들려 그의 집으로 보내진다. T,17:12

그런 다음 네가 만든 모든 것,
선한 것과 악한 것,
거짓된 것과 참된 것은 잊힐 것이다.
하늘과 땅이 하나가 됨에 따라서,
심지어 실재세상조차
너의 시야에서 사라질 것이기 때문이다. T,10:75

세상은 없다!
이것이 이 수업이 가르치려는 중심 생각이다. W,132:7

5

용서는 죽음의 두려움을 극복하는 수단이다

우리는 죽음이 피할 수 없는 육체적인 현상이라고 믿는다. 변화무쌍한 세상에서 변하지 않는 사실이 단 하나 있으니, 그것은 누구나 결국 죽는다는 것이다. 죽음에 대한 믿음은 이렇게 우리 마음에서 하느님을 대신해 왕좌에 등극했다. 이제 그 누구도 죽음의 신을 거역할 수 없고, 우리는 그 앞에 무릎을 꿇고 머리를 조아린다. 하지만 죽음은 어떤 실재가 아니라, 단지 우리가 하느님을 떠나 몸이 되었다는 믿음에 불과하다.

몸을 자기 자신이라고 믿는 한 우리는 서로 공격할 수밖에 없으며, 서로 공격하는 한 죽음을 믿을 수밖에 없다. 형제를 공격할 때 우리는 형제와 내가 서로 다른 존재라고 주장하는 것이다. 다른 존재란 곧 분리된 존재이며, 분리된 존재란 곧 전체에서 떨어져 나와 언젠가는 썩어버릴 살덩이일 것이다. 그렇다면 우리는 공격할 때마다 자신의 죽음을 인정하는 것이다. 전쟁을 믿는 자에게 죽음은 너무나 실재적이다! 반대로 형제를 용서할 때마다 우리는 형제와 내가 하나임을 인정하고, 하느님이 창조하신 대로의 생명을 받아들이는 것이다. 용서하는 자에게, 죽음은 없다!

생명과 순결, 그리고 하느님의 뜻에 반대하여,
죄와 죄의식, 그리고 죽음이 에고로부터 나왔다.

광기에 헌신하고 천국의 평화에 등 돌린
정신이상자의 병든 마음속이 아니라면,
과연 어디에 그러한 반대가 있을 수 있겠는가? T,19:80

너는 죽음이란 몸의 것이라고 생각한다.
그러나 죽음은 하나의 아이디어일 뿐,
육체로 보이는 것과는 아무런 관련이 없다. W,167:3

죽음은
네가 너의 창조주와 분리되어 있다는 생각이다. W,167:4

최상의 행복이 아닌
모든 감정의 밑바닥에 흐르는 유일한 아이디어가
바로 죽음이다.

모든 슬픔과 상실과 불안,
고난과 고통,
심지어 피로에 지친 작은 한숨과
약간의 불편함이나 단순한 찡그림조차도 죽음을 인정하며,
따라서 네가 살아있음을 부정한다. W,167:2

생명이 하느님 생각의 결과인 것만큼이나 확실하게,
죽음은 우리가 에고라고 부르는 생각의 결과이다. T,19:79

에고에게 죽음은 가르침의 목표이자 결말이다. T,15:2

에고의 가르침을 따르는 자는
항상 죽음에 대한 두려움에 시달린다. T,15:4

하지만 성령께 가르침의 목표는 생명이며,
생명에는 끝이 없다. T,15:2

죽음의 매력은
사랑의 매력이 소용돌이치며 너를 부를 때
영원히 사라진다. T,19:94

스스로 죽음을 선택하지 않는 한,
그 누구도 죽을 수 없다. T,19:77

죄도 죽음도 창조하지 않으신 하느님은
네가 그것들에 묶여 있기를 뜻하지 않으신다. T,19:80

하느님은 너의 불멸을 영원히 약속하셨고,
그 약속의 빛이 네 형제 안에 있다.

그를 죄 없다고 보라.
그러면 네 안에 두려움이 있을 수 없다. T,20:27

죽음의 종식은 무엇인가?
하느님의 아들은 지금, 그리고 영원히 죄가 없다는 깨달음,
단지 이것뿐이다. M,27:7

형제여, 죽음은 없다.
네가 형제에게 아무런 상처도 받지 않았음을 보여주기를 소망할 때,
너는 이것을 배울 것이다. T,27:18

용서는 죽음의 두려움을 극복하는 수단이다.
용서를 통해 죽음의 두려움은 격렬한 매력을 잃고,
죄의식도 사라졌기 때문이다. W,192:4

용서가 정녕 너의 평화이니,
여기에서 분리가 끝나고,
위험과 파괴, 죄와 죽음의 꿈,
광기와 살인, 비탄과 상실의 꿈이 끝나기 때문이다. T,29:38

용서는 재난에서 빠져나오고,
모든 고통을 지나쳐서 마침내 죽음을 벗어나게 해주는 유일한 길이다.
바로 이것이 하느님의 계획이거늘,
어찌 다른 길이 있을 수 있겠는가?

그런데 너는 왜 그것에 반대하고, 그것과 싸우고,
용서가 틀려야만 하는 천 가지 길,
천 가지 다른 가능성을 찾으려고 하는가? W,198:4

이제 서로를 저버리지 말라.
너희는 서로에게 생명이나 죽음을 준다. T,22;22

우리가 죽음 안에서 분리되지 않고 부활 안에서 하나로 일어날 수 있도록,
서로에게 구원을 주고 공유하자. T,19:106

죽음은 없다. 하느님의 아들은 자유롭다. W,163

죽음에 대한 두려움이 없다면
너는 무엇을 보겠는가?
죽음에 전혀 매력을 느끼지 못한다면
너는 무엇을 느끼고 생각하겠는가?

아주 간단히 말해, 너는 아버지를 기억할 것이다.

생명의 창조주,
살아있는 모든 것의 근원,
우주와 우주들의 우주,
심지어 그것들 너머에 있는 모든 것의 아버지를
너는 기억할 것이다. T,19:90

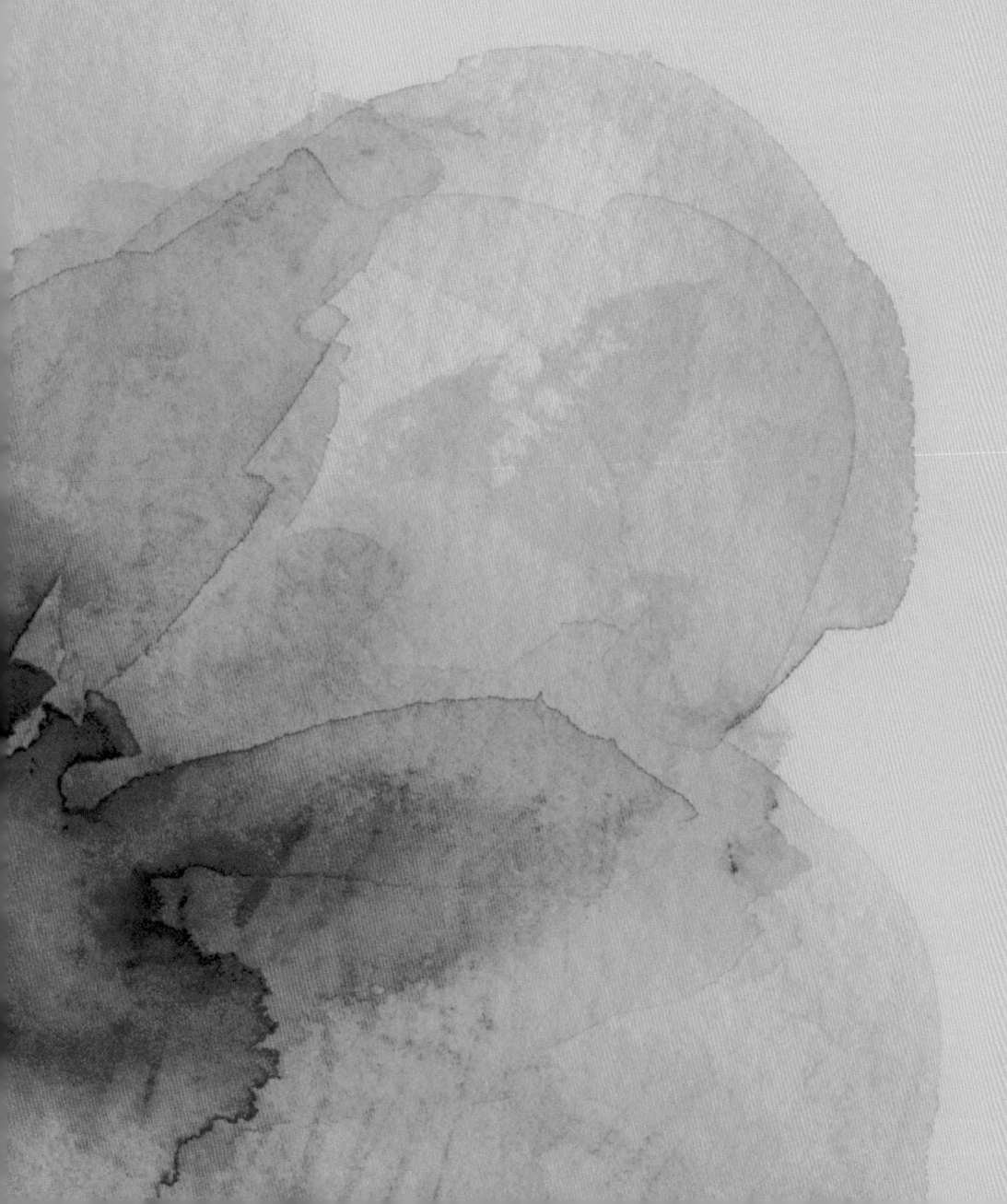

구
원

몸이 자기 자신이라고 생각하는 한 우리는 질병과 재난, 죽음에 시달릴 수밖에 없다. 그러면서 우리는 자신이 어떤 죄를 지었기 때문에 그러한 고통을 받는다고 무의식적으로 믿는다. 죄지은 자는 처벌을 면치 못할 것이다! 이제 우리는 자신이 더 이상 하느님의 아들이 아닌 "죄인"이며, 죄에서 벗어나려면 뼈를 깎는 노력을 해야 한다고 믿게 되었다.

우리는 희생과 봉사, 참회와 금욕 등을 통해 다른 어떤 존재가 되면 구원받을 수 있다고 믿고서 끊임없이 애쓴다. 바로 이것이 세상의 구원 개념이다. 하지만 이러한 시도를 통해 죄에서 벗어나는 것은 애초에 불가능에 가깝다. 그러한 시도 자체가 우리가 이미 죄인이라는 전제를 바탕으로 하기 때문이다.

우리는 하느님이 창조하신 것과는 완전히 다른 존재가 되어버렸다. 그러니 우리가 설령 잠시 죄에서 벗어나더라도 또 다시 죄를 지을 수밖에 없을 것이다. 이제 그 어떤 전지전능한 존재가 와도 우리를 구원할 수 없다. 우리는 구제 불가능한 존재가 되어버렸다! 그러니 우리의 그 모든 노력은 결국 헛수고로 끝날 것이다.

기적수업의 구원 개념은 완전히 다르다. 우리는 구원을 위해 아무것도 할 필요가 없다. 우리는 자기 자신을 바꿔서 다른 어떤 존재로 만들어버린 적이 없기 때문이다. 나를 공격하는 형제들과 인정사정없이 몰아치는 세상 또한 내가 지어낸 악몽에 불과하다. 그러니 우리는 단지 그것들이 꿈에 불과하다는 것을 알아차리기만 하면 된다. 그러면 그것들은 슬며시 사라져버린다.

하지만 우리는 너무 깊은 꿈속에 빠져 있어서, 스스로 악몽을 지어냈음을 깨닫지 못한다. 성령은 우리의 정체를 기억하고 있는 우리의 바른 마음으로서, 꿈은 단지 꿈일 뿐임을 끊임없이 상기시켜준다. 성령은 또한 우리가 형제를 용서하도록 인도함으로써, 전에 원수라고 여겼던 자가 사실은 구원의 길을 함께 걸어가는 동반자임을 깨닫게 한다. 그러니 오로지 성령께 귀 기울여라.

형제와 함께 평화로이 걷는 세상은 점차 변형되어 행복한 꿈이 되고, 그마저 곧 사라져 우리는 천국으로 깨어나게 된다. 이제 꿈속에서 보았던 것은 어디에도 없다. 그리고 우리는 우리가 집을 떠난 적이 없음을, 꿈속을 헤매고 다닐 때조차 하느님 품에 안전하게 있었음을 깨닫는다.

1 용서는 아무것도 하지 않는다

용서는 아무것도 하지 않는다. 용서는 환상에 맞서 싸우거나, 환상을 바꾸려 하지 않는다. 괴물에 쫓기는 꿈을 꾸고 있는 아이에게 엄마가 무엇을 해줄 수 있을까? 악몽 속에 같이 들어가 괴물을 무찔러 주겠는가? 꿈속의 괴물에게 예쁜 가면을 씌워주겠는가? 그것은 불가능할 뿐만 아니라, 오히려 환상을 실재화시킬 것이다. 엄마는 아이가 여전히 엄마 품에 안전하게 있음을 조용히 확신시켜 줄 뿐이다. 이와 같이 용서는 그저 환상 너머를 볼 뿐, 아무것도 하지 않는다.

우리를 공격하거나 병들어 있는 형제들은 자신이 상처받을 수 있다는 악몽을 꾸고 있는 것이다. 우리는 그들을 보면 무언가를 "하려" 한다. 그들에게 맞서 공격하거나, 그들의 병든 겉모습을 바꿔주려 한다. 하지만 이것은 형제의 꿈에 동참하는 것이다. 수업은 환상이 공격의 형식을 취하든 질병의 형식을 취하든 결코 속지 말라고 가르친다. 허깨비에 맞서 싸우지 말고, 성령과 함께 조용히 그 너머의 실재를 보라. 꿈에 반응하면 계속 꿈속에 남을 것이다. 하지만 가만히 꿈 너머를 보면 꿈에서 깨어날 것이다.

구원은 정녕 역설이다!

구원은 너에게 단지
아무도 행한 적이 없는 것을 전부 용서하고,
존재하지 않는 것을 간과하고,
비실재를 실재라고 보지 말라고 요구할 뿐이다. T,30:55

용서는 고요하며, 조용히 아무것도 하지 않는다.
용서는 실재의 어떤 측면도 공격하지 않으며,
실재를 비틀어 자신이 좋아하는 모습으로 만들려고 하지도 않는다.
용서는 단지 바라보고 기다리며, 판단하지 않는다. W,ST1:4

용서는 세상의 환상들 가운데서
진리를 나타내는 유일한 것이다.

용서는 환상이 무(nothingness)임을 보고
환상이 취할 수도 있는 수많은 형식을 꿰뚫어 본다.
용서는 거짓을 바라보지만, 속지 않는다. W,134:7

용서는 형제가 너에게 행했다고 네가 생각한 것이
전혀 일어난 적이 없음을 인식한다.

용서는 죄를 사면함으로써 실재화하지 않는다.

용서는 죄가 전혀 없었음을 본다.
그리고 이러한 관점에서 너의 모든 죄가 용서받는다.

하느님의 아들에 대한 잘못된 아이디어 외에
무엇이 죄란 말인가?
용서는 단지 그 아이디어의 허위성을 보며,
따라서 그것을 놓아준다. W,ST1:1

용서는 참이 아닌 것만을 제거하여
세상에서 그림자를 거둬내고,
세상을 자신의 부드러운 품에 안전하고 확실하게 감싸서
새롭고 깨끗한 지각의 눈부신 세상으로 데려간다. T,18:98

하느님이 모든 것을 창조하셨기에,
성령은 모든 것을 용서한다. T,9:7

성령을 통한 용서는
처음부터 잘못 너머를 봄으로써
그것을 너에게 실재하지 않는 것으로 유지시킨다.

잘못이 실재한다는 어떤 믿음도
너의 마음에 들어오게 하지 말라.
그렇지 않으면 너는 또한 용서받기 위해서는

네가 만든 것을 너 자신이 무효화해야 한다고 믿을 것이다.

결과가 없는 것은 존재하지 않으며,
성령께는 잘못의 결과가 전혀 존재하지 않는다.

성령은 모든 곳과 모든 측면에서
잘못의 모든 결과를 차근차근 일관되게 상쇄해 나감으로써,
에고가 존재하지 않음을 가르치고 증명한다. T,9:14

그러니 아무것도 하지 말고,
용서로 하여금
네가 성령을 통해 무엇을 해야 하는지 보여주게 하라. W,ST1:5

용서할 것이 아무것도 없음을 인식하는
완전한 용서에서
네가 완전히 사면받는다. T,15:79

2 모든 것을 성령께 맡겨라

고요함은 에고가 가장 두려워하는 것이다. 에고는 항상 무언가를 광적으로 한다. 먼저, 에고는 계속 가른다. 나와 너를 가르고, 적과 동지를 가른다. 왜냐하면 에고는 갈등을 먹고 살기 때문이다. 또한 에고는 우리의 그릇된 믿음을 황급히 감춘다. 어둠에 대한 믿음은 감추어야 유지될 수 있기 때문이다. 그리고 에고는 우리의 주의를 부산스런 활동으로 분산시킨다. 그 속에서 우리는 자신의 정체를 잊은 채 바람에 나부끼는 나뭇잎처럼 정처 없이 떠돈다.

성령은 우리의 정체를 기억하고서 그 모든 혼란을 고요히 바라보는 마음이다. 용서하지 못하고 죄의식에 시달리는 마음을 성령께 가져가면, 성령은 그것들을 재해석하여 돌려준다. 성령과 함께 볼 때, 우리를 공격하는 형제는 도움을 요청하는 형제가 된다. 죄의식에 시달리는 우리의 마음은 하느님의 사랑을 절절히 구하는 요청이 되어 돌아온다. 우리는 더 이상 무언가를 공격할 필요도 없고, 감출 필요도 없다. 부산스레 무언가를 할 필요도 없다. 성령께 모든 것을 맡기고 고요히 안식하며, 모든 것을 이끌게 하라.

에고는 분석하지만, 성령은 받아들인다. T,10:53

성령은 멈춰 서서 상처가 큰지 작은지 판단하지 않는다.

성령은 단 하나의 판단,
즉 하느님 아들을 해치는 것은 부당하며,
따라서 진리일 수 없다는 판단만 내린다. T,26:13

성령을 통한 용서는
처음부터 잘못 너머를 봄으로써
그것을 너에게 실재하지 않는 것으로 유지시킨다.

잘못이 실재한다는 어떤 믿음도
결코 너의 마음에 들어오도록 허락하지 말라. T,9:14

네가 조금이라도 잘못에 반응한다면,
성령께 귀 기울이지 않는 것이다.
성령이 무시해 버린 잘못에 주의를 기울인다면,
너는 성령의 말을 듣지 않는 것이다.

성령의 말을 듣지 않는다면
너는 실로 에고에게 귀 기울이는 것이다. T,9:4

에고를 두려워하지 말라.
에고는 정녕 너의 마음에 달려있고,
너는 에고의 존재를 믿음으로써 에고를 만들었듯이
에고에게서 믿음을 거둬들임으로써 에고를 물리칠 수 있다.

에고의 존재를 믿는 책임을
다른 누구에게도 투사하지 말라.

하지만 잘못을 네 것으로 받아들인 후에는
계속 간직하지 말라.

잘못의 모든 결과가
너의 마음과 온아들에게서 전체적으로 사라지도록,
잘못을 재빨리 성령께 맡겨 완전히 무효화되게 하라. T,7:88

환상과 진리를 한데 모으는 것,
혹은 에고를 하느님께 가져가는 것이
성령의 유일한 기능이다. T,14:38

성령은 단지 네가 성령께 감춘 모든 비밀을 가져오라고 청할 뿐이다.

성령께 모든 문을 열어드리고,
어둠 속에 들어가 어둠을 밝혀 물리쳐 달라고 말하라.
너의 요청을 받고 성령은 기쁘게 들어간다.

네가 성령께 어둠을 열어 보이면,
성령은 그곳으로 빛을 가져간다.

그러나 성령은 네가 감추는 것은 볼 수 없으니,
성령은 너를 위해 보며,
네가 그와 함께 보지 않는 한 볼 수 없기 때문이다.

너의 모든 어둡고 은밀한 생각을
성령께 가져가서 함께 바라보라.

성령은 빛을 들고 있으며, 너는 어둠을 들고 있다.
너와 성령이 함께 빛과 어둠을 바라보면,
그것들은 공존할 수 없다. T.14:30

고통을 성령의 시야로부터 감추지 말고,
기쁘게 성령 앞으로 가져가라.
성령의 영원히 온전한 마음 앞에 너의 모든 상처를 펼쳐 놓고,
그로 하여금 너를 치유하도록 허용하라.

어떤 한 점의 고통도 성령의 빛으로부터 감추지 말고
너의 마음을 주의 깊게 살펴서,
혹시 드러날까 봐 두려워하는 생각까지도 전부 찾아내라.

성령은 너 자신을 해치려고 간직해 온
하찮은 생각들을 전부 다 치유하고,

그 하찮음을 깨끗이 씻어서
하느님의 위대함으로 복원시킬 것이다. T,12:17

3

구원은 함께 걷는 길이다

구원은 어디에 있는가? 먼 미래에 있는가? 각고의 노력 끝에 홀로 도달할 수 있는 어떤 특별한 장소에 있는가? 수업은 그렇지 않다고 가르친다. 수업은 우리가 형제와 함께 걷겠다고 결심하는 바로 그 순간, 바로 그곳에 구원이 있다고 말한다. 구원이란 우리의 정체를 깨닫는 것인데, 그것은 우리가 형제와 공유하는 정체이기 때문이다. 우리의 정체는 형제와 분리되겠다는 결정을 통해 상실되었듯이, 그와 함께 걷겠다는 결정을 통해 회복된다. 그렇다면 수업이 제시하는 구원의 길은 세상에서 가장 쉬운 일로 보인다.

하지만 분리와 특별성에 대한 믿음에 사로잡혀 있는 우리에게 형제와 함께 걸어가기는 어쩌면 세상에서 가장 어려운 일일 것이다. 사소한 차이로 갈등하다 분열되는 세상의 관계와 조직을 보라. 옳고 그르고, 우월하고 열등하고, 앞서가고 뒤처지고, 많고 적고, 크고 작고... 이러한 판단들이 형제와 나 사이에 넘을 수 없는 벽처럼 서있다. 겉으로 보이는 이 모든 장벽을 넘어 그와 함께 걸어가겠다고 결정하는 바로 그 순간, 바로 그곳에 구원이 있다.

너의 잘못이 네 것이 아니듯,
네 형제의 잘못도 그의 것이 아니다.
네가 그의 잘못을 실재하는 것으로 받아들인다면,
이미 너 자신을 공격한 것이다.

너의 길을 발견하여 계속 나아가고 싶다면
네 곁에서 오로지 진리만 보아라.
왜냐하면 너희는 함께 걷고 있기 때문이다.

네 안에 있는 성령은 너의 내면은 물론
네 형제의 내면에 있는 모든 것을 용서한다.
그의 잘못은 너의 잘못과 함께 용서받는다. T,9:7

자비를 베풀어 달라는 형제의 부름을 들어라.
형제 자신과 너의 정체에 대해 지닌
모든 두려운 이미지에서 해방시켜 달라는 부름을 들어라. T,31:23

너와 함께 걷는 그 형제에게 믿음을 가져라. T,31:72

여정의 목표는 다만 네 형제와 함께 걷겠다고 결정하는 것이다.
따라서 여정은 너 혼자가 아닌 함께 가는 길이다.

이런 선택을 함으로써 배움의 결과가 달라지니,

너희 둘에게 그리스도가 다시 태어났기 때문이다. T,31:23

네 형제의 손을 잡아라.
이 길은 우리가 홀로 걷는 길이 아니기 때문이다.
네 형제 안에서,
내가 너와 함께 걷고 네가 나와 함께 걷는다. W,복습5:11

서로의 손을 맞잡은 너희는 또한 내 손을 잡고 있으니,
서로 결합했을 때 너희는 혼자가 아니었기 때문이다.

너희가 나와 함께 떠나기로 동의한 그 어둠 속에,
내가 너희를 버려두려 한다고 믿는가?

너희 관계 안에 이 세상의 빛이 있다. T,18:27

너희가 서로의 손을 잡기로 동의한 것만큼이나 확실하게,
나는 너희의 손을 잡는다.
너희는 분리되지 않을 것이니,
너희가 진리로 가는 길에서
나는 너희와 함께 걸어가기 때문이다.

그리고 우리는 우리가 가는 곳으로,
하느님을 모시고 간다. T,18:28

나의 도움을 신뢰하라.
나는 홀로 걷지 않았고,
우리의 아버지가 나와 함께 걸으셨듯이
너희와 함께 걸어갈 것이다. T,11:20

한 형제를 여정이 끝나 잊히는 곳으로
안전하게 안내해 데려갈 때마다,
나는 다시 부활한다.

한 형제가 불행과 고통에서
빠져나오는 길이 있음을 배울 때마다,
나는 다시 새로워진다.

한 형제의 마음이 자신 안에 있는 빛으로 돌아서서
나를 찾을 때마다,
나는 다시 태어난다.

나는 아무도 잊지 않았다.
이제, 너희를 여정이 시작된 곳으로 다시 데려가서
나와 함께 다른 선택을 하게 하려는 나를 도와라. W,복습5:9

그리스도와 함께 걷는 너희가 보게 될
사랑스러움에 대해 생각해보라!
너희가 서로에게 얼마나 아름답게 보일지 생각해보라!

홀로 걸었던 그렇게도 길고 외로운 여정 끝에 함께 하니,
너희는 얼마나 행복할 것인지! T,22:41

너희는 따로 떨어져 걸으며 어디로도 가지 못한
길고도 무의미한 여정 끝에 함께 집으로 돌아오고 있다.
너희는 서로를 발견했으며, 서로의 길을 비춰줄 것이다.

이 빛으로부터 위대한 빛줄기가
뒤로는 어둠 속으로 확장해 들어가고,
앞으로는 하느님에게까지 확장해 과거를 비춰 물리침으로써,
하느님의 영원한 현존을 위한 자리를 만들 것이다.

그곳에서 모든 것은 빛 속에 찬란히 빛난다. T,18:31

4 용서는 하느님께 가는 길이다

우리는 죽음을 두려워하지만, 사실 그 본질은 하느님에 대한 두려움이다. 우리는 몸과 에고가 사라지고, 개별적인 의식마저 사라져서 하느님과 하나가 되는 것을 너무도 두려워하여, 그 위에 죽음에 대한 두려움이라는 덮개를 씌워놓았다. 하느님에 대한 두려움은 구원의 길에 버티고 선 가장 강력한 장애물이다. 하느님을 두려워하는 자가 어떻게 하느님께 다가갈 수 있겠는가? 수업은, 용서야말로 하느님에 대한 두려움에서 벗어나기 위한 최고의 처방전이라고 가르친다.

형제를 공격할 때 우리는 무의식적으로, "나는 이제 하느님께 돌아갈 수 없는 죄인이야."라고 믿는다. 왜냐하면 형제는 하느님의 아들이기 때문이다. 그 누가 아들을 공격하고도 그 아버지를 감히 바라볼 수 있겠는가? 반면에, 형제를 용서할 때 우리는 하느님께 씻을 수 없는 죄를 지었다는 죄의식에서 놓여나게 된다. 이제 우리는 두려움 없이 눈을 들어 하느님을 바라볼 수 있게 된다. 그리고 하느님은 우리를 단 한 순간도 정죄하지 않으셨으며, 늘 그 자리에서 환하게 웃으시며 우리를 기다리고 계셨음을 깨닫게 된다.

완전히 용서하기 전에는
여전히 용서하지 않는 것이다.

너희가 하느님을 두려워하는 이유는
서로를 두려워하기 때문이다.

너희는 자신이 용서하지 않는 자들을 두려워한다.
두려움이 곁에 있는 한,
그 누구도 사랑에 도달할 수 없다. T,19:100

너는 네가 지각하고 당연시하는 모든 죄와 정죄가
곧 아버지에 대한 공격임을 보지 못한다. T,22:61

자신의 형제를 진심으로 완전하게 용서하지 않고서는
그 누구도 하느님에 대한 두려움을
바라볼 엄두를 내지 못할 것이다. T,19:98

하느님은 당신의 아들 없이는 알려지실 수 없고,
그의 죄 없음이 하느님을 알기 위한 조건이다.

네가 하느님을 알기 위한 조건을 받아들이지 않는다면
이미 하느님을 부정한 것이며,
하느님이 너를 온통 둘러싸고 계셔도

하느님을 알아보지 못하게 된다.
하느님의 아들이 유죄라고 받아들이는 것은
아버지에 대한 너무도 강력한 부정이기에,
하느님이 몸소 앎을 넣어두신 바로 그 마음에서
앎에 대한 인식이 완전히 사라져버린다. T,14:1

이곳에서 하느님께 가는 길은
용서를 통한 길이다.
다른 길은 없다. W,256:1

용서할 때 너는 하느님이 너를 얼마나 사랑하시는지 이해하게 된다.
공격할 때 너는 천국은 분명 지옥일 것이라고 생각하면서
하느님이 너를 증오하신다고 믿게 된다.

다시 한번 너의 형제를 바라보되,
네가 그를 어떻게 지각하느냐에 따라
그는 너를 천국이나 지옥으로 이끄는 길이 된다는 것을 이해하고 바라보라. T,25:42

하느님의 이름으로 온 마음을 다해,
모든 환상을 포기하겠다고 뜻하라. T,16:38

용서는 하느님의 아들이

그의 **자아**와 그의 아버지께로 깨어나,
그들이 하나임을 알게 되는 꿈이다. W,198:3

너는 하느님을 잊으면서 네 형제도 잊었으며,
너의 망각에 대한 하느님의 응답은
단지 기억하는 방법이다.

하느님을 홀로 기억할 수는 없다.
네가 망각한 것은 바로 이것이다.

따라서 네 형제의 치유를 너 자신의 치유로 지각하는 것이
하느님을 기억하는 방법이다. T,11:15

네 형제의 이름을 불러라.
그러면 하느님이 응답하실 것이니,
너는 하느님을 부른 것이기 때문이다. T,26:67

하느님은 우리의 목표이시며,
용서는 우리의 마음이 마침내 하느님께 돌아가는 수단이다. W,256:1

아버지, 저는 형제 없이는 당신께 갈 수 없습니다.
저의 근원을 알려면,

저는 먼저 당신이 저와 하나로 창조하신 자를
알아보아야 합니다.
제 형제의 손은
당신께 가는 길에서 저를 이끄는 손입니다.
그의 죄는 저의 죄와 함께 과거에 있습니다.
그리고 과거는 사라졌기에,
저는 구원되었습니다. W,288:1

5

너는 집에 있다

우리의 기나긴 꿈도 거의 끝나간다. 그것은 집을 떠나 거친 세상을 방랑하는 꿈, 아버지와 형제가 나의 원수이자 배신자가 된 꿈, 나 자신이 누구인지조차 잊어버린 꿈이었다. 하지만 우리가 제멋대로 지어낸 꿈속 세상 곳곳에, 아버지는 당신에 대한 기억을 놓아두셨다. 그것은 또한 당신께 어서 돌아오라는 부르심이었다. 우리가 원수로 여기는 형제들마다 내면 깊숙한 곳에는 그 부르심을 간직하고 있었고, 형제를 용서할 때마다 그것은 되살아나 우리에게 떠나온 집에 대한 기억을 상기시켜줬다.

그렇게 우리의 용서가 완전해지고 우리 마음에 평화가 정착됨에 따라, 철옹성처럼 견고해 보였던 분리에 대한 믿음이 희미해진다. 이제 하느님이 마지막 단계를 취하셔서 그것을 마치 거미집처럼 한순간에 치워버리시고, 우리는 천국으로 깨어난다. 그렇게 길게만 보였던 꿈속 여행이 한순간에 끝난다. 그것은 거리도 없고 시간도 걸리지 않은 여행, 기억할 것도 전혀 없고, 아예 떠나지도 않은 여행이었다. 그리고 우리는 집에 있다. 우리의 아버지 하느님 안에 영원히 있다.

살아있는 것 중에
하느님의 일부가 아닌 것이 없으며,
존재하는 것 중에
하느님 안에 살아있지 않은 것도 없다. T,24:50

하느님은 아주 문자 그대로의 의미에서
모든 것 안의 모든 것(All in all)이시다. T,7:38

하느님이 계시지 않는 시간도, 장소도, 상태도 없다.
두려워할 것은 아무것도 없다. T,29:1

너는 하느님의 마음 외에
어느 곳에도 있을 수 없음을 항상 기억하라.
이를 잊을 때마다 너는 절망하고 공격할 것이다. T,9:52

너는 이곳이 아닌 영원 속에 머물러 산다.
너는 집에 안전하게 있으면서
단지 꿈속에서만 여행하고 있을 뿐이다. T,12:76

이 세상은 너의 집이 아니기에,
너는 반드시 여행을 떠날 것이다.

너는 집이 어디에 있는지 알든 모르든
집을 찾아다닐 것이다.

집이 너의 바깥에 있다고 믿는 한
그러한 추구는 헛될 것이니,
그것은 집이 없는 곳에서
집을 찾아다니는 것이기 때문이다. T,11:40

너는 방랑하면서 다만
실재하지 않는 여행을 하고 있을 뿐이다.
어두운 동반자들과 어두운 길은 모두 환상이다.
빛을 향해 돌아서라. T,10:27

빛의 자녀들은 어둠 속에 머물러 살 수 없으니,
그들 안에 어둠은 없기 때문이다. T,10:28

하느님께 가는 여정은 다만 네가 항상 어디에 있는지,
너는 영원히 무엇인지에 대한 앎이 되살아나는 것일 뿐이다.

그것은 전혀 바뀐 적이 없는 목적지를 향한
거리가 없는 여정이다. T,8:51

너는 길을 잃을 수 없으니,
하느님의 길밖에 없으며
하느님께 말고는 어느 곳으로도 갈 수 없기 때문이다. T,26:38

하느님과 멀어지도록 이끄는 길이란 없다.
너 자신에게서 떠나는 여정이란 존재하지 않는다.

그러한 목적을 가진 길이 있을 수 있다는 생각은
얼마나 어리석고 제정신이 아닌지!

그 길이 어디로 갈 수 있겠는가?
네가 어떻게 너의 실재와 하나가 아닌 채 걸으면서
그 길을 여행할 수 있겠는가?

너는 너의 정체에서 벗어날 수 없다.

자비로우신 하느님은
아들이 당신을 저버리도록 내버려 두지 않으셨기 때문이다.
하느님께 인도하지 않는 길이란 없다. T,31:42

너는 결코 길을 잃지 않으리니,
하느님이 너를 인도하시기 때문이다. T,10:27

아버지, 당신은 제 앞과 뒤에,
제 옆에,
제가 있는 공간에,
제가 가는 모든 곳에 계십니다.
당신은 제가 바라보는 모든 것에,
제가 듣는 모든 소리에,
제 손을 잡으려고 내미는 모든 손에 계십니다.

당신 안에서 시간은 사라지고
공간은 무의미한 믿음이 되어버립니다.
당신의 아들을 둘러싸서 안전하게 지키는 것은 바로
사랑 그 자체이기 때문입니다. W.264:1

이제 우리는 "아멘."이라고 말합니다.
시간이 있기 전에 당신이 그리스도를 위해 마련한 처소에,
그가 고요한 영원 속에서 살려고 왔기 때문입니다.

여정은 시작된 곳에서 끝남으로써 막을 내립니다.
여정의 어떤 흔적도 남지 않습니다.

단 하나의 환상도 믿지 않고,
그리스도의 얼굴을 가릴
단 한 점의 어둠도 남아있지 않습니다.

당신의 뜻은 완전하고도 완벽하게 이루어져 있으며,

모든 피조물은 당신을 알아보고는
당신을 유일한 근원으로 압니다.

당신을 닮아 뚜렷한 빛이
당신 안에서 살고 움직이는 모든 것에서 뻗어 나옵니다.
우리는 이제 우리 모두가 하나인 곳에 도달했기 때문입니다.

우리는 집에 있습니다.
이곳은 당신이 우리가 있기를 뜻하시는 곳입니다. T.31:97

출처

T:텍스트, W:워크북, M:교사 지침서, ST: 워크북 특별주제

꿈

1. 분리는 일어나지 않았다

T,27:82 T,5:61 T,11:86 T,27:83 T,9:74 T,1:91 T,1:91 M,2:2 M,2:2 T,10:41 T,28:32 T,28:32 T,28:32 T,2:13 T,15:27 T,3:19 T,3:19 T,26:62

2. 에고는 너의 믿음에 불과하다

T,4:10 T,4:33 T,4:48 T,10:53 W,ST12:1 T,4:48 W,ST12:1 W,ST12:1 T,4:49 T,4:49 T,4:49 T,4:62 T,7:88 T,7:88 T,7:88 T,7:88 T,15:45 T,15:45 T,4:89 T,4:17-18

3. 사랑의 반대는 두려움이다

T,1:2 W,160:4 T,2:15 T,2:15 T,2:46 W,240:1 W,240:1 T,19:100 T,18:26 T,8:99 T,8:99 T,1:100 T,1:101

4. 너는 특별하지 않다

T,12:20 T,24:14 T,24:34 T,24:7 T,24:7 T,24:59 T,24:59 T,24:11 T,24:11 T,24:11 T,24:11 T,24:27 T,24:62 T,24:62 T,24:43 T,24:28 T,24:28 T,24:15 T,24:25 T,24:17 T,24:17

5. 네가 바로 꿈꾸는 자다

T,4:10 T,29:26 T,28:20 T,27:72 T,27:72 T,17:1 T,29:50 T,6:50 T,17:1 T,13:43 T,27:73 T,12:76 T,6:50 T,6:50 T,6:50

세상

1. 죄는 없다

T.19:18 T.9:22 T.19:23 T.19:23 T.19:18 T.19:21 T.19:19 T.19:19 T.5:70 T.4:61 T.4:61 T.9:98 T.9:98 T.12:9 W.93:4

2. 네가 보는 세상은 존재하지 않는다

W.14:1 W.14:1 W.ST3:2 W.ST3:2 T.27:7 W.129:2 T.11:86 T.21:1 T.21:1 T.20:20 T.20:73 T.20:73 T.11:34 T.11:34 T.11:34 T.11:34 W.32:1 T.21:1

3. 몸은 단 한 순간도 존재하지 않는다

T.6:61 W.167:6 T.23:48 T.23:48 T.6:62 T.6:62 W.ST5:1 W.ST5:1 T.27:77 T.27:77 T.18:65 T.18:65 T.8:53 T.20:65 T.20:63 T.20:63 T.18:71 T.18:78 T.8:66 T.8:66 W.158:8

4. 너는 상처받을 수 없다

W.94:1 W.93:7 W.93:7 T.11:96 W.190:5 T.11:99 T.11:99 T.11:99 T.11:99 T.13:71 T.13:71 T.9:76 T.13:72 T.5:53 T.5:53 T.31:66 T.31:66 W.198:10 W.281:1 W.260:1

5. 오로지 사랑만 가르쳐라

T.6:18 T.6:9 T.8:21 T.6:44 T.29:23 T.6:43 T.6:9 T.11:19 T.26:64 T.10:84 T.10:84 T.13:29 T.23:2 T.13:29 T.13:29

판단

1. 사랑은 판단할 수 없다

T.29:61 T.29:62 T.29:62 T.26:6 T.3:63 T.3:63 T.20:39 T.20:40 T.20:40 T.20:40 M.4:13 W.352 W.127:3 M.10:6 M.10:6 M.10:5 M.10:5 W.2부.서문:10 W.2부.서문:10

2. 형제는 너를 보여주는 거울이다

T.8:23 T.8:19 T.8:19 T.8:19 T.24:56 M.4:13 T.13:18 T.13:18 T.13:14 T.11:85 T.11:85 T.11:85 T.31:76 T.31:76 T.20:73 T.10:65 T.10:65

3. 모든 공격은 자기 공격이다

T.18:49 T.24:36 W.190:5 W.190:5 T.9:72 T.9:72 T.11:94 T.11:94 T.17:54 T.9:73 T.31:27 T.31:27 T.31:27 T.31:27

4. 간수와 죄수

T.15:74 T.3:71 W.192:8 W.192:8 W.192:9 W.192:9 W.192:9 W.192:9 T.8:34 W.192:8 T.24:53 T.16:60 T.15:111

5. 공격은 사랑을 달라는 요청이다

T.11:10 T.19:28 T.11:13 T.12:62 T.12:62 T.14:51 T.11:3 T.25:31 T.25:31 T.25:31 T.11:3 T.11:6 T.11:6 T.11:6 T.14:56 T.25:28 T.25:28 T.25:28 T.25:28 T.14:56 T.14:57 T.14:57 T.11:16 T.11:16

형제

1. 형제를 너 자신으로 알라

T.9:9 T.21:28 T.9:33 T.9:33 T.2:102 T.4:90 T.10:62 T.10:62 T.25:5 T.25:5 T.25:5 T.25:5 T.29:55 T.29:55 T.10:33 T.10:33 T.18:45 T.18:9 T.18:9 W.139:9 W.139:9

2. 용서하는 것은 간과하는 것이다

T.9:9 T.24:69 T.9:9 T.27:14 T.20:28 T.30:71 T.16:8 W.134:6 W.134:6 W.134:8 W.134:8 T.10:84 T.19:49 T.30:55 T.19:107 T.19:107 T.22:57 W.192:10

3. 용서함으로써 용서받아라

T.29:23 W.159:2 T.29:38 T.13:14 T.15:13 T.26:64 T.31:23 T.30:73 T.19:104 T.16:78 T.16:78 T.20:29

4. 그 누구도 제외시키지 말라

W.201:1 T.12:19 T.12:19 T.10:33 T.10:33 T.10:33 T.10:33 T.10:33 T.23:2 T.7:45 T.7:45 T.10:10 T.10:30 T.10:30 T.10:30 T.24:26 T.23:6 T.23:6 T.23:6

5. 형제는 너의 구원자다

T.29:22 T.29:22 T.24:49 T.29:23 T.29:23 T.19:102 T.24:25 T.24:25 T.22:58 T.22:58 T.19:101 T.19:34 T.19:34 T.20:29 T.18:31 T.20:15

용서

1. 용서는 모든 것을 준다

W,122:1 W,122:1 W,122:1 W,122:2 W,122:2 W,122:2 W,122:2 W,122:3 T,25:43 T,25:43 T,25:43 T,25:43 W,ST12:5 T,18:98 W,ST12:5

2. 네 형제를 용서하라

T,24:26 W,108:5 T,29:38 T,24:38 T,31:23 T,31:23 T,31:26 T,31:26 T,27:75 T,27:75 T,26:77 T,26:77 T,31:24 W,139:9 T,25:21 T,24:54 W,192:10 W,192:10 W,192:10

3. 과거를 용서하라

T,26:36 W,8:2 T,14:38 T,14:60 T,14:60 T,12:49 T,16:73 T,17:71 T,17:71 T,17:71 T,12:49 T,12:46 T,17:14 W,26:43 T,12:49 T,12:49 T,13:24 T,13:24 T,5:58 W,131:7 T,12:52 T,12:52 T,26:43

4. 세상을 용서하라

T,25:23 T,11:34 T,11:34 W,186:14 W,132:6 T,27:47 W,115:2 W,190:6 W,189:5 W,189:5 T,7:47 W,190:6 T,20:20 T,20:21 T,26:82 T,26:26 T,26:26 T,17:12 T,17:12 T,10:75 W,132:7

5. 용서는 죽음의 두려움을 극복하는 수단이다

T,19:80 T,19:80 W,167:3 T,167:4 W,167:2 T,167:2 T,19:79 T,15:2 T,15:4 T,15:2 T,19:94 T,19:77 T,19:80 T,19:80 T,20:27 T,20:27 M,27:7 T,27:18 W,192:4 T,29:38 W,198:4 W,198:4 T,22:22 T,19:106 W,163 T,19:90 T,19:90 T,19:90

구원

1. 용서는 아무것도 하지 않는다

T,30:55 T,30:55 W,ST1:4 W,134:7 T,134:7 W,ST1:1 W,ST1:1 W,ST1:1 T,18:98 T,9:7 T,9:14 T,9:14 T,9:14 T,9:14 W,ST1:5 T,15:79

2. 모든 것을 성령께 맡겨라

T,10:53 T,26:13 T,26:13 T,9:14 T,9:14 T,9:4 T,9:4 T,7:88 T,7:88 T,7:88 T,7:88 T,14:38 T,14:30 T,14:30 T,14:30

T.14:30 T.14:30 T.14:30 T.12:17 T.12:17 T.12:17

3. 구원은 함께 걷는 길이다

T.9:7 T.9:7 T.9:7 T.31:23 T.31:23 T.31:72 T.31:23 W.복습5:11 T.18:27 T.18:27 T.18:27 T.18:28 T.18:28 T.11:20 W.복습5:9 W.복습5:9 W.복습5:9 W.복습5:9 T.22:41 T.22:41 T.18:31 T.18:31 T.18:31

4. 용서는 하느님께 가는 길이다

T.19:100 T.19:100 T.22:61 T.19:98 T.14:1 T.14:1 T.14:1 W.256:1 T.25:42 T.25:42 T.16:38 W.198:3 T.11:15 T.11:15 T.11:15 T.26:67 W.256:1 W.288:1 W.288:1

5. 너는 집에 있다

T.24:50 T.7:38 T.29:1 T.9:52 T.12:76 T.11:40 T.11:40 T.10:27 T.10:28 T.8:51 T.8:51 T.26:38 T.31:42 T.31:42 T.31:42 T.31:42 T.10:27 W.264:1 W.264:1 T.31:97 T.31:97 T.31:97 T.31:97 T.31:97 T.31:97